大展好書 好書大展

大展好書 好書大展

易學智慧 7

易學的思維

傅雲龍
柴尚金 ／著

大展出版社有限公司

序

任繼愈

《易經》這部書幽微而昭著，繁富而簡明。五千年間，易學思想有形無形地影響著中華民族的社會生活、政治生活以及人生哲學。

《周易》經傳符號單純（只有陰陽兩個符號），文字簡約（約兩萬四千餘字），給後代詮釋者留出馳騁才學的廣闊天地。迄今解易之書逾數千家。近年已有電子傳播媒體，今後闡釋易學的各種著作勢將更爲豐富。

歷代有眞知灼見的易學研究者，從各個方面反映各時代、各階層的重大問題。前人研究易學的成果豐富了中華民族的文化寶庫。研究易學，古人有古人的重點，今人有今人的重點。今天中國人的使命是加速現代化的步伐，光輝二十一世紀。

易學，作爲中華民族文化遺產，也要爲文化現代化而做貢獻。當代新易學的任務之一是擺脫神學迷信。易學雖起源於神學迷信，其出路卻在於擺脫神學迷信。凡是有生命的文化，都植根於現實生活之中，不能游離於社會之外。大到社會治亂，小到個人吉凶，都想探尋個究竟。人在世上，是聽命於神，還是求助於人，爭論了幾千年，這兩條道路都有支持者。

哲學家見到《易經》，從中悟出彌綸天地的大道理；德國萊布尼茲見到《易經》，從中啓悟出數學二進制的前景；嚴君平學《易經》，構建玄學易學的體系；江湖術士不乏「張鐵口」、「王半仙」之流，假易學之名，蠱惑愚衆，欺世騙財。易學研究走什麼道路，是易學研究者普遍關心的大事，每一位嚴肅的易學研究者負有學術導向的責任。

本叢書的撰著者都是我國近二十年來湧現的中青年易學專家。他們有系統的現代科學訓練的基礎，有較深厚的傳統文化素養，有嚴肅認眞的學風，易學造詣各有專攻。這部叢書集結問世，必將有益於世道人心，有助於易學健康開展，爲初學者提供入門津梁，爲高深造詣者申一得之見以供參考。

這套叢書的主旨，借用王充《論衡》的話——「疾虛妄」。《論衡》作於二千年前。然而，舊迷霧被清除，新迷霧又瀰漫，「疾虛妄」的任務遠未完成。如果多數群衆尚在愚昧迷信中不能擺脫，我們建設現代化國家的精神文明就無從談起。我們的任務艱巨而光榮。

本叢書的不足之處，希望與讀者同切磋，共同提升。

目錄

第一章　中國古代的宇宙代數學

有人說：「古易八八卦，蔚然成大觀。象數與易理，圖書獨一枝。」同印度《吠陀》、歐洲《聖經》並稱為影響世界文明三大寶典的《周易》，以其文字系統和符號系統互相滲透而形成的獨特理論結構，與象數義理相統一的神秘特色和內在價值，在中華文化史上佔據極重要的地位。

古往今來，《周易》像開掘不盡的寶藏，吸引無數學《易》仁人，各家各派，眾說紛呈，仁者見仁，智者見智，歷代興盛，經久不衰。

今天，《周易》研究已從多角度、多層次、多學科全方位地展開。這種研究於啟迪人們思維，弘揚中華文化傳統，促進精神文明建設都有著特殊意義。

《周易》的框架

有著五千多年文明史的中華民族，傳統文化悠久而深遠。要把握中國傳統文化發展脈絡，就應對《周易》這部千古奇書有所了解。

郭沫若在《中國古代社會研究》一書中指出：「《周易》是一座神秘的殿堂。因為它自己是一些神秘的磚塊——八卦——所砌成。同時，又加以後人三聖四聖的幾尊偶像的塑造，於是這座殿堂一直到二十世紀的現代都還發著神秘的幽光。」

一般人都認為《周易》是天書，神秘奧妙，深不可測。其實，任何學說都是時代的產物，都是與人類一定的物質基礎和思維方式緊密相連的。《周易》雖然罩上一層神秘的面紗，但它仍然是經歷了漫長時間，由那些勤於觀察、善於思考的智者仁人在生活實踐中探索出來的。只要我們本著實事求是的科學態度來研究《周易》，就可以把握《周易》基本框架、內容特色及其精神實質。

《周易》一書分「經」和「傳」兩大部分。經包括六十四卦，三百八十四爻，以及解釋六十四卦的卦辭和解釋三百八十四爻的爻辭。傳是對經的解釋，包括《彖辭》上下、《象辭》上下、《繫辭》上下、《文言》、《說卦》、《序卦》、《雜卦》，共十個部分，通稱「十翼」，又稱為《大傳》。《易傳》對《易經》的義理、象數以及卜筮作了詳細的解釋。

一般認為，《易經》形成於西周前期，《易傳》形成於戰國後期，從《易經》到《易傳》的歷史發展長達七、八百年。

從形式上看，《周易》可分為符號（八卦、六十四卦）與文字（卦辭、爻辭）兩部分。這兩部分有機結合，共處一體。卦畫本身沒有表現出確定的意義，要理解其中蘊含著的深刻思想，需要借助卦爻辭的文字說明，但卦畫卜筮、卦位爻位作為易象，則代表著宇宙間一切事物，是對客觀事物的區分和認識。爻象所代表的陰「- -」和陽「—」，是對宇宙間各種紛繁複雜事物的高度抽象。卦畫變化總是與客觀事物的變化相聯繫的。《繫辭傳》說：「易者，象也。」「吉凶者，失得之象也；悔言者，憂虞之象也；變化者，進退之象也；剛柔者，晝夜之象也。」這表明，《周易》一書，符號系統和語言系統相互依存，缺一不可。

從內容上看，《周易》包括四個方面，即辭、變、象、占。這四個方面概括起來為義理、象數兩大部分。義理與象數的統一是《周易》的顯著特徵。義理寓於象數之中，離開象數就不能深刻地理解義理。《周易》是用卦象來表達思想，卦有卦之象，爻有爻之象，無論是卦象還是爻象，目的都是表意。理解《周易》就要根據辭來了解象，根據象來了解意。

易卦是《周易》的重要組成部分，而組成易卦的最基本單元是爻。爻的符號是「⚊」、「⚋」，象徵陰陽兩類事物。「⚊」代表陽、剛、君、奇數等，象徵積極的事物與獨立的性格。易卦中「⚊」用奇數一、三、五、七、九中最大的九表示，稱「九」；符號「⚋」代表陰、柔、消極、臣、弱、依附的事物與性格，用偶數二、四、六、八、十的六代表。

《易》中陰陽主要表現在卦畫上。四象、八卦、六十四卦，變化多端，其根源不過是「⚋」與「⚊」兩種符號的排列組合。

「⚋」與「⚊」兩種符號相互重疊構成卦畫，卦有八卦、六十四卦。就卦形成順序而言，八卦的三畫卦產生在先，六十四卦的六畫卦產生在後，先有八卦，再由八卦「因而重之」產生六十四卦。

八卦為經卦，由三個爻畫構成，分別為☰乾、☷坤、☳震、☴巽、☵坎、☶

離、☶艮、☱兌。這八種卦畫代表天、地、雷、風、水、火、山、澤八種不同類型的自然現象。八卦再自疊或互疊而構成六十四卦：䷀、䷁等等。由八卦「因而重之」出的六十四卦也稱別卦。

在《周易》六十四卦中，每卦六爻都各有其象，各有其位。爻位指易卦中各卦所居的位置次序。爻位由卦的最下一爻或稱第一爻往上數，依次為初、二、三、四、五、上這六個位次。九代表陽，六代表陰，陰與陽各與位次結合為爻題。在六十四卦中，初、二兩爻象地，人立地之上面，故二爻為地位；三、四爻象人，人生存在地上，故三爻為人位；五、上兩爻象天，人生存在天的下面，故五爻為天位。這種天、地、人爻位的區分是以人為中心而得出的一種直觀的、經驗的結論。

還有一種區分是以陰、陽為基準，易卦六卦中，一、三、五為奇為陽位，凡一、三、五爻位皆為正位或得位。陽爻居於陰位，或陰爻居於陽位，皆為不當位或失位。當位為吉利之象，不當位為不吉利之象。古人還將爻位直接賦予貴賤之名，如初爻為元士，二爻為大夫，三爻為大公，四爻為諸侯，五爻為天子，上爻為宗廟。初九、九五為聖人，初六、六四、上六為小人，九三為君子，九二為庸人，九四為惡人。

由此可見，爻位在易卦中十分重要，不懂爻位就不懂得易象、易理。古人正是依照這種爻位模式，來推演解釋事物的吉凶好壞。

「易有太極，是生兩儀，兩儀生四象，四象生八卦，八卦定吉凶，吉凶生大業。」（《繫辭傳》）這段話對八卦的形成演化及其意義作了簡要說明。由「⚊」、「⚋」符號所組成的八經卦、六十四別卦，經過先秦學者、漢代經師、魏晉玄學家、宋明理學家的先後注釋闡發，得到系統、完善、深化，逐漸成為一種認識自然、認識宇宙萬物的獨特認識論和方法論體系。中國的先哲們在三千多年前以觀天察地析人事的深邃思辨，創立了《易經》為核心的陰陽之道的世界觀，體現了中國古代人民的智慧。《易經》無愧為中國古代文明之精華。

神秘的思維抽象

《周易》的最大特點和最神秘之處，在於它是用筮與卦來表達思想。或者說，是用象數表達思想。

我國歷史上曾有三《易》：「一曰《連山》，二曰《歸藏》，三曰《周易》，其經卦皆八，其別皆六十有四。」（《周禮・春官・大卜》）《連山》是夏代《易》，《周易》是西周《易》，其間相距七、八百年。這時期，我國尚處於神權時代，君權神授，天神統治著人間，一切學術均孕育於宗教之中。作為《易》的符號筮卦，更有悠久歷史。

卜筮這一宗教活動早發生於《易》之前。《易》原本是卜筮之書，作《易》的目的乃是「以神道設教」。為這一目的，《易》必須具有一定的神秘色彩，因而要藉助於卜筮和卦象。以卜筮定吉凶，將吉凶用卦象喻示出來，讓人感到卦爻所言不是沒有根據的，而是神的旨意。

關於易卦產生，《繫辭下傳》說：「古者包犧氏之王天下也，仰則觀象於天，俯則觀法於地，觀鳥獸之文與地之宜，近取諸身，遠取之物，於是始作八卦，以通神明之德，以類萬物之情。」

這段話雖不能完全作為八卦產生的根據，但從一個方面也說明，八卦的卦象是人們對世界認識抽象化的結果，是一種思維抽象。

社會發展史表明，剛從動物界分化出來的人類，認識處在發展的最原始、最低級的階段。人們只是本能的、自發地直觀與生存密切相關的極有限的事物。只能憑藉當前刺激物所引起的直接感覺、知覺和表象，以及由相應的行為動作進行思維。隨著人類發展到現代人階段，史前人類的認識也發展到較高階段。人們在長期的謀生活動中積累起來的勞動經驗和簡單的自然知識基礎上，形成了初步的抽象思維能力，運用一些原始的簡單概念，對經驗進行概括、判斷和推理。這時漢字雛型也就出現了。

漢字是典型的結繩刻木的記事符號或象形文字。隨著漢字逐漸形成，中華民族抽象思維能力得到了很大提升。原始社會末期，自然科學知識已有萌芽，人們對自然界的性質有了初步的認識。這時，人們試圖用對事物本身的認識去代替對事物的虛幻的解釋。同時，也試圖從關於個別的、特定的事物的認識，發展到對整個世界進行認識，對周圍事物進行概括。既然中華民族思維能力已經發展到概念思維抽象概括這樣高的程度，那麼，八卦創立就有了堅實的基礎。

易卦是由「⚊」、「⚋」兩個基本符號排列組合而成的。古人就是依據這些符號卦象，來概括說明天理人事和占卦休咎。

人們所面對的世界千差萬別、千變萬化，要從思想上把握複雜的世界，只能藉助於思維抽象，運用概念進行思維。概念是思維的細胞，既可用語言文字表達，也可以用其他的符號表示。在《易經》中，古人是用「⚊」、「⚋」這兩個符號表達概念的。這兩個符號代表的意思，歷代學易之人都有不同看法。有人認為「⚊」、「⚋」代表天、地；有人認為代表陰、陽；有人說代表男、女；也有人說表示蓍草長短、奇數偶數等等。不管代表什麼，「⚊」、「⚋」符號具有最大的抽象性和靈活性。只有這樣，才能適應一切事物，一切時變，從而道出天下後世無窮無盡的前因後果及其基本規律。

根據通行說法和《周易》繫辭解釋，「⚋」、「⚊」符號表示陰陽。當人們創造這兩個符號時，頭腦中就已經有了陰陽概念。而當人們運用這兩個符號構成四象、八卦、六十四卦時，陰陽概念就更加明確，並運用它進行占卜或思維。在《易》中卦畫分陰陽，爻位分陰陽，一動一靜，一奇一偶，一辟一闔無不分陰陽。陰陽是《易經》最高範疇，「一陰一陽之謂道」，陰陽變化之道成為萬事萬物的準則。

世界萬事萬物莫不分陰分陽，陰陽是世界事物千差萬別、千變萬化的最高抽象。陰陽概念就是從各種具體事物抽象出來的，因而具有普遍性指導意義。根據陰陽概念，《易》「立天立地」、「通志」、「定業」、「斷疑」。《繫辭傳》說：「夫《易》何為者也，夫《易》開物成務，冒天下之道，如斯而已者也。是故聖人以通天下之志，以定天下之業，以斷天下之疑。」這段話說明《易》能夠提出前人沒有認識到的問題，能夠將前人知識豐富提高，使之抽象成為更高的理論。正因為如此，《易》是最為普遍、最為抽象的理論。

當然，我們應該看到，《周易》的概念思維還很幼稚。在表達方式上，它主要運用類比和象徵等手法，試圖用感性形象來把握抽象，用有限的個別來說明一般，最終沒有擺脫感性形象思維的束縛。由於《周易》是用卦爻符號表達思想，通過後人特別是方士術師的注解發揮，《周易》披上了神秘的外衣。八卦成了神秘莫測的「黑箱」，八卦學說逐漸與迷信混雜一起。

不管《周易》產生的歷史背景是如何與宗教神權聯繫在一起，也不管《周易》筮卦理論的抽象性是如何簡樸稚嫩，我們都無法忽視《周易》符號體系和語言體系相互滲透而形成的獨特的世界觀、自然觀和人生觀，尤其是這部著作對後世的重大影響。《周易》在獨特的思維方式指導下，對客觀事物規律進行了初步概括。這種概括，即使是最簡單的概括，就已經意味著人對世界的客觀聯繫的認識是日益深刻的。

筮卦作為符號系統，是《周易》闡釋義理的重要工具和特殊方式。在《周易》中，筮卦的作用是怎樣表達的呢？其意義又何在呢？

首先，筮卦是一種符號代數學。《周易》用筮與卦認識天道，推及人事。《周易》六十四卦所反映的世界，是一個由天地和由天地合德而化育生成的萬物構成的和諧的統一體。它由天之道而推及民之故，由自然規律推及社會規律，由自然與社會的客觀規律推及人的思想意識。

《繫辭傳》說：「在天成象，在地成形，變化見矣。是故剛柔相摩，八卦相蕩，鼓之以雷霆，潤之以風雨，日月運行，一寒一暑，乾道成男，坤道成女。」「方以類聚，物以群分，吉凶生矣。」天地間的萬事萬物都是同類相聚。同類相聚的事物都具有共同的特點，而相聚的同類事物又以其共同具有的特點與它類事物區分開來。它們有同有異，有聚有分，吉凶就在同異聚分中產生。這說明，易卦變化與生成和自然界中天地萬物的變化與生成相一致，易卦變化生成是天地萬物變化生成的摹寫。

《說卦傳》第二章從卦的形成來說明天、地、人三才之道：「昔者聖人之作

《易》也，將以順性命之理，是以立天之道曰陰曰陽，立地之道曰柔曰剛，立人之道曰仁曰義。兼三才而兩之，故《易》六畫而成卦，分陰分陽，迭用柔剛，故《易》六位而成章。」天之所以為天，是陰晴寒暑使然。從陰晴寒暑這些現象總結出基本規律，則為陰陽，所以，《易》在卦畫上立天之道曰陰曰陽。地之所以為地，主要是山川河流使然，其本質為柔為剛，所以《易》在卦畫上立地之道曰柔曰剛。人之為人，主要是社會關係使然，人類活動繁複雜多，然而作為人類活動的行為準則，只有仁義。

「仁者人也。」只有相親相愛，人類才能生存和發展。所以，《易》在卦畫上立人之道曰仁曰義。天、地、人三才均與陰陽相通，「兼三才而兩之」，故《易》六畫而成卦，分陰分陽，迭用柔剛。一卦之中初、三、五為陽位，二、四、上為陰位。一卦六爻位中剛爻九與陰爻六迭用交錯，所居無定。通過分陰分陽與迭用柔剛，卦爻經緯交織，「六位而成章」。

《周易》六十四卦揭示世界的千變萬化、千差萬別，要求人們從萬物的差異中認識萬物，尋求物我的關係，安排自我的位置。天、地、人三才各得其位，各守其道。例如，《彖傳》說：「大哉乾元，萬物資始，乃統天。雲行雨施，品物流形，大明終始，六位時成，時乘六龍以御天。乾道變化，各正性命，保合太和，乃利貞。首出庶物，萬國咸寧。」萬物資始到品物流行，各有各的存在依據、價值和位置，各有性命，各得其所，和諧統一。

其次筮卦是程序規範思維，《周易》運用筮卦這種思維方式闡述義理。

德國著名哲學家恩斯特・卡西爾在《神話思維》一書中指出，神話也是一種思維形式。他說：「使神話有別於經驗——科學知識的，並非這些範疇的性質，而是它們的樣式。它們用來賦予感性多樣物以統一形式，用來塑造散亂內容形態的那些合成模式，展示出一種類似和對應的關係。它們是相同的直覺和思維普遍形式，構成了這類意識本身的統一性，因而也構成了神話意識與純粹知識之意識的統一性。」①神話儘管荒誕，但卻是世界大多數民族思維發展的必經階段。神話思維和邏輯思維在制定邏輯概念、範疇時有其相似點，即都力圖使概念範疇具有普遍性，試圖尋找和建立事物之間的因果必然性和相互統一性。

卡西爾：《神話思維》，中國社會科學出版社，一九九二年版，第六七頁。

帶有神秘色彩的《周易》筮卦，作為中華民族先人認識世界的一種思維方式，有著獨特的運作規範和程式。筮或蓍，作名詞用時，指籌碼，用竹子做的叫筮，用蓍草做的叫蓍。作動詞理解時，指卜筮活動。早在原始社會，我國就產生卜筮占卜吉凶的宗教迷信活動。對卜筮的意義，《禮記•曲禮》說：「卜筮者，先聖為之所以使民信日，敬鬼神，所以使民決嫌疑，定猶與也。故曰，疑而筮之，則弗非也。日而行事，則必踐之。」

原始的筮發展到《周易》創立時，雖然仍被稱為「神物」，但裡面迷信成分已減了許多，增加了大量的「天之道」、「民之故」這樣的自然、社會方面的內容。有學者對《周易》之筮的性質概括為，以宗教迷信為形式，以哲學和知識為內容，以指導人們行動使之服從統治為目的的一種數學計算行為。

筮與卦都是《周易》的「神物」，儘管各有不同的表現，但性質相同。筮通過數學計算表現自己，「圓而神」，運用無窮，變化莫測；卦通過卦畫表現自己，「方以知」，止而有定，全部六十四卦的思想內容都藏於其中。《易經》包括筮與卦兩部分，並規定了用筮求卦和計算占卜的基本方法。

對筮法，《繫辭傳》解釋說：「天一地二，天三地四，天五地六，天七地八，天九地十。天數五，地數五，五位相得而各有合。天數二十有五，地數三十，凡天地之數五十有五。此所以成變而行鬼神也。大衍之數五十，其用四十有九。分而為二以象兩，掛一以象三，揲之以四象四時，歸奇於扐以象閏，故再扐而後掛。乾之策，二百一十有六。坤之策，百四十有四。凡三百有六十，當期之日，二篇之策，萬有一千五百二十，當萬物之數也。是故四營而成易，十有八變而成卦。八卦而小成，引而伸之，觸類而長之，天下之能事畢矣。」

這一大段文字，從內容上區分為三個層次：一是講筮法的數學基礎，二是講如何揲蓍求卦問題，三是講六十四卦與數的關係。

根據以上論述，筮法共分為四個步驟：

(1)「分而為二」。把四十九根蓍草信手一分，分為兩部分，兩隻手各得多少沒有定數，得出的蓍草是七、八、九、六四個數中的哪一個數，全在信手一分上。這信手一分也就分出了陽爻、陰爻。

(2)「掛一以象三」。從分為兩部分的蓍草中拿出一根，放在一邊，於是四十九根蓍草形成為三部分。

(3)「揲之以四以象四時」。就是將兩手蓍草四個四個地數，每隻手揲四之後的餘數不外乎1、2、3、4這幾種情況。

⑷「歸奇於扐以象閏，五歲再閏，故再扐而後掛」。把一隻手揲過之後的餘數作為「扐」放在一邊，接著將另一隻手的蓍草揲過之後的餘數也作為「扐」，與前面的餘數放在一起。

以上四個步驟算作一個回合，叫做一易。接著又依此法再進行兩易，方能得出一個爻來。為什麼「三易」才能得出一爻？因為三變的餘數的總和有四種可能性，這四個餘數分別被四十八減，再除四，得出七、八、九、六。每「三易」都會得出這四個數中的一個數。奇數七、九稱陽爻，偶數八、六稱陰爻。經過三變只能得出一爻，一卦六爻，故需十八變而成一卦。

《周易》六十四卦，三八四爻，陽爻與陰爻各一九二，陽爻都是老陽即九，陰爻都是老陰即六。每個老陽的過揲之策數是三六，每個老陰的過揲之策數是二十四。陽爻一九二乘三六，得六九一二策，陽爻一九二乘二四，得四六〇八策，兩數相加得一一五二〇策。所以，《周易》有了六十四卦三八四爻，「天下之能事畢矣」。

筮的實質是數，卦的實質是畫，是符號。由筮求卦，使兩者能聯繫起來，其奧妙在於陰陽共性上面。因為卦畫是由陰陽符號組成，數有陰數陽數，當筮在「四營」、「三易」的數學計算中得出七、八、九、六這四個數時，也就意味著由筮方能求出卦來。

《繫辭傳》說：「聖人設卦觀象繫辭焉，而明吉凶。」《周易》在經這部分主要是講卦、象、辭。卦有兩種，一種是三畫卦，即八卦，一種是六畫卦，即六十四卦。八卦是由太極、陰陽、四象發展來的，它將萬事萬物分成八種基本品類並指出這八類事物之性質。由八卦重成的六十四卦，比八卦具體得多，它從動態方面反映世界事物的變化。六十四卦構成一個大的完整的歷史過程，每一卦是這一歷史過程的一個環節或時代，而每卦中的每一爻則代表一個時代中的六個發展階段。六十四卦有卦象、爻象之分，卦象、爻象都配有卦名、卦辭、爻名、爻辭，辭的表達依卦畫而定，不能隨意發揮。

卦名是根據卦象取的。例如困卦之所以稱困，是因這一卦有困象。從困卦象看，䷮，坎下兌上，其象一是水在澤下，澤中乾涸無水，正是困乏的表現；二是兌陰卦在坎陽卦之上，上六陰爻在九五、九四二陽爻之上，九二陽爻陷在六三、初六二陰爻之中，表明陽剛君子被陰柔小人掩蔽，也是困象。

《周易》畫八卦以攝萬有，立太極以統乾坤，設陰陽為變化之母；八八六十四卦通天下之志，定天下之業，斷天下之疑，可謂博大精深，輝煌至極。千百年來一直被崇奉為「六經之首」、「三玄之冠」。正因為《易》道廣大，無所不能，凡人凡事都以《易》道為思維模式和行為準則。但由於《周易》是通過筮卦這種神秘形式來開拓自己的認識道路，難免使人們的思維被固定在結構嚴整的框架模式之中。也由於存在這種固定的思維模式，因而容易表現出對客觀事物的主觀臆測和武斷。

「變」的思維方式

中國傳統哲學有沒有長期穩定的思維方式？中國傳統理論思維的特點是什麼？對此，中外學術界均持有不同觀點。我們認為，要把握中國傳統思維方式特點，了解古代先民思維方式的奧秘，必須深入到《周易》黑箱中去。《周易》為我們能夠提供理解中國傳統思維方式特點的鑰匙。

眾所周知，《周易》這部珍貴的文化典籍，對中國數千年來的歷史文明曾經發生過深遠的影響。易道作為一種思維模式、世界觀、方法論及邏輯的體系，不僅促進了中國傳統哲學的發展，而且浸透到中國人的思想、政治、倫理、科學、藝術、文化生活各個領域。這在世界思想史上是少有的。《周易尚氏學》說：「易本用以為筮，故有卦辭，又有爻辭。其所言皆天地間公例、公理。……否泰往來，剝復循環，天道人事，無二理也。包括萬有，孕育深宏，凡哲學無不根源於是。」尚氏以《易經》為我國哲學認識的濫觴，不無道理。

哲學是以理論思維的方式把握世界。《易經》雖然是古代卜筮之官在殷周以來積累起來的卜筮紀錄基礎上整理編纂而成的，但其中確有許多具有理論思維色彩的哲學觀點。卦爻既反映世界的變化，也反映世界變化的規律。卦爻自身只表明世界萬物的具體變化，還處於渾沌自發的無言中。《易傳》則把卦爻關於變化的認識加以提煉，並用哲學語言明確無誤地概括起來。例如：「一陰一陽之謂道」，「生生之謂易」，「陰陽不測之謂神」，「剛柔相推而生變化」，「窮則變，變則通，通則久」等等。《周易》已初步構成了自己的哲學體系。這個體系由它特有的一系列範疇、概念、命題所組成。太極、陰陽、變化、易、道、神等諸命題，則是這個體系的骨架。因此，《周易》充滿了樸素的古代唯物主義和辯證法思想，成為中國古代理論思維的集大成和發源地。

中國人的智慧，一個突出的內容是辯證思維。辯證思維在我們中華民族有悠久的傳統。不僅《周易》系統講辯證思維，老莊系統、兵家系統、佛學系統都講辯證思維。但最有代表性，歷史最久遠且影響最大的仍是《周易》。

《周易》一書蘊藏著辯證思維的萌芽，後來《易傳》和易學進一步發展了《周易》的辯證思維，同時又吸收了各家觀點，將早期帶有某種直觀和樸素性質的命題進一步抽象化、理論化，提出了一系列更具有哲學意義的概念、範疇，更接近於反映事物的本質和規律。

我國古代辯證思維的核心內容是對立統一，其最高範疇是陰陽。把陰陽概念抽象為表述對立統一的最高範疇，並運用陰陽相互依存和轉化的觀點，概括和總結有關自然、社會、歷史等知識。

《周易》依據「一陰一陽之謂道」的原理，把自然界與社會中的一切變化都看成是陰陽對立的力量交互作用引起的陰陽這一基本矛盾，在八卦中演變為天與地、雷與風、水與火、山與澤四對矛盾。天地是產生萬物的根源，雷風水火山澤都是它的派生物。在重卦中，陰陽又進一步演變為三十二對矛盾，如泰與否、損與益、既濟與未濟等。三十二對矛盾也就是三十二個正反卦，六十四卦都是按正反兩卦的形式排列的。重卦中，還有上卦與下卦或外卦與內卦的矛盾關係。可見，《易經》把矛盾關係看成是普遍存在的關係。當然，《易經》所揭露的矛盾並不是事物內部固有的矛盾，大多具有表面性，有些矛盾甚至是虛構的。儘管如此，被披上神秘外衣的樸素辯證法觀念仍是認識活動的基本方式和思維活動的基本方法，對辯證思維發展仍有著推動作用。

《周易》由於把辯證法的對立統一觀點作為認識和解決宇宙人生問題的最基本的方式或模式，開闢了中國傳統思維之先河。辯證思維是中國傳統思維方式的一大特徵。它通過《周易》的原始闡發而宣告於世並被普遍接受之後，具有相對穩定性和歷時性，成為一種不變的思維結構模式和思維定勢。由此，決定了人們分析問題和解決問題的方式和方法，從而影響人們的社會實踐和一切文化活動。這種穩定不變的思維結構和模式，就是傳統思維方式。

所謂辯證法貫穿滲透傳統思維方式，或者說，傳統思維方式充滿辯證思維特性，並不意味著在三千多年前產生的思維方式可以與當代的哲學思維方式等量齊觀。以《周易》為代表的中國傳統思維方式先進於當時世界上任何其他民族，中國古代的辯證法要早於古希臘唯物主義哲學家赫拉克利特（約前五四〇—約前四八〇）、畢達哥拉斯（約前五八〇—約前五〇〇）的樸素辯證法。而在內容和形式上，中國古代辯證思維要比古希臘、古羅馬深刻得多、系統全面得多。

正因為古代中華民族理論思維領先於其他民族，決定了中國古代社會文明程度高於其他國家。在中國思想發展史上，有許多璀璨的明珠，這是我們中華民族的寶貴精神財富。

人類的認識能力和思維水平的發展，與兒童的思維和智力發展程序相類似，有一個從膚淺、幼稚到深刻、成熟的過程。以《周易》為典型的中國傳統思維方式，是在長期的實踐中總結出來的思維經驗和思維成果。

在這些成果中，有些是對人類活動自身的探索和反思，有些是對自然界的直接思考和猜測，有的則是通過比喻類比、觸類旁通而進行的思維跳躍。但由於奴隸社會末期的生產力水平低下，《周易》只能是我國古代人們對外部世界的低級反思，是中國哲學的早期雛形。然而，中國傳統思維方式在《周易》體系中確已形成，則是確鑿無疑的史實。

第二章 《周易》的唯象思維

《周易》的象是筮卦的符號系統，它是由「—」、「--」符號組成的卦畫表現出來。

象的觀念起源於古代的卜筮活動。「龜，象也；筮，數也。物生而後有象，象而後有滋，滋而後有數。」（《左傳·僖公十五年》）原始時代末期，先人用龜甲獸骨一類東西占卜，比較簡單地決定一件事情做還是不做。根據安陽殷墟考古發現，商代後期大量使用龜甲獸骨，透過刀鑽火烤裂紋所形成的「象」來推斷吉凶。我國周原出土的甲骨說明西周早期也用甲骨占卜，甲骨上有筮數的記載。

卜筮源於記事符號，用符號來求數目字，奇偶兩個符號，用以表示一正一反兩個方面。這兩個符號排列組合，以六個為一組，可以出現六十四組各不相同的卦。考古資料表明，甲骨上的筮卦都是六個數目字一組，古人是用筮卦形成的規律和體系即象來推斷吉凶，預測未來。

《易傳》說：「易者，象也。象者也，像也。」又說：「聖人有以見天下之賾，而擬諸其形容，象其物宜，是故謂之象。」這說明，「象」是客觀事物的模擬，但這個摹擬並不是像照相那樣照下來，而是用一些符號來表示事物的「道」與「理」。卜象並非直接攝取萬物的圖象，而是以極抽象的奇「⚊」、偶「⚋」符號的不同排列而形成的卦畫去分別指代萬千世界。而《易經》正是運用「象」來托物言志，以「比喻」、「徵」、「比」、「興」等特殊手法來「明義」、「明人事」、「統會其理」。

我國古代巫史用象數符號建立起來的這一思想體系，在後來的發展中分成兩大學派：象數派和義理派。前面說過，卜象並不是直接攝取萬物的圖象，而只是以抽象的符號形式圖解世界。象數是《周易》原有的重要內容。象有卦象、爻象，是作《易》者於宇宙萬物中為卦義所取的法象。通過取象，處於六十四卦不同位置上的卦爻，才能藉助所取法象得到說明。沒有象，六十四卦就不能表達任何思想和意志。最初，六十四卦並無文字說明，就像一幅畫，人們由看「畫」，就能明白其中意思。古人把自己長期觀察，體驗世界的經驗認識融匯在易卦中，裡面蘊藏著關於世界知識的豐富「義理」，教人遇事決疑。當然，作為愚昧時代人們掌握自身命運而形成的易學說，容易神秘化、迷信化。這就為《易》學分裂提供了溫床。

以孔子（前五五一—前四七九）為代表的儒學以《易》天道人事為歸宗，形成義理派；而漢代經學則發揮《易》中的占驗卜筮，濫用象數，穿鑿附會，形成易學中的象數派。

象數派提倡象數。漢代經師如京房（前七七—前三七）、鄭玄（一二七—二〇〇）、荀爽（一二八—一九〇）等利用《周易》筮卦，結合陰陽五行、日月星辰、四季物候的變化創立所謂互體、旁通、卦氣、爻辰等象數模式體例，宣揚神學迷信，使豐富的《易》理，變成神秘的教條。

象數學著力闡發《易》中的卜筮迷信部分，增添了許多原來《周易》沒有的內容，形成了象數學獨特的思維模式。

象數學是漢代經師們利用《周易》的思想框架，熔鑄哲學、歷史、天文、地理、律曆等方面思想文化資料，構建的形而上學思維模式，並為自然立法，為處世垂範，為封建統治提供理論根據，陷入了唯心的神學迷宮。

《周易》象的建立，從認識論角度看具有兩大作用：一是由象數模式體例，將世界萬事萬物簡約化、規範化，使思維從具體到抽象；二是利用抽象符號，觸類旁通，由此及彼，充實內容，使認識又從抽象到具體。這兩方面作用形成認識的雙向運動，構成了《周易》唯象思維這一獨特的思維方式。

因象明理的卦象比擬

我們知道，《周易》是用「⚊」、「⚋」符號組成的卦畫，即象來表達其中的思想的。人們主要是透過象捕捉內容，根據象來理解意。設卦、觀象、明理是《周易》思維方式的特點。

《周易》的象有三種指稱：一是指陽爻⚊、陰爻⚋；二是指具體的實物；三是指無形的東西，如鬼、神、精、靈氣等。

但最根本的象是陰陽。《易》是以陰陽為卦畫來反映世界及其變化。由陽爻、陰爻組合而成的卦，是一種象意符號，具有極大的適應性。其代表的天、地、雷、風等自然現象與性質，都是符號賦予的。卦畫代表的內容依筮人占卜吉凶時的要求而定。所以，「神無方而易無體」，「其為道也屢遷，變動不居，周流六虛，上下無常，剛柔相易，不可為典要，唯變所適。」（《繫辭上傳》）

揲蓍求數，因數設卦，由卦觀象，依象繫辭，並以此推斷未來之吉凶，這是《周易》的體例和方法。這裡的精髓是卦象，人們正是透過卦象及其變化去象徵天下萬物及其聯繫。

從根本上說，「象」是從觀天察地的社會實踐中抽象出來的。它有雙重含義，其一是指事物的形象，其二是象徵、類比、比擬。但《周易》裡的「象」不是事物的圖形臨摹，也不是用語詞形容，而是以奇「—」數和偶「--」數表示出來。它們的不同排列和重迭，象徵著萬千世界的複雜變化。正如《易傳》所說：「參伍以變，錯綜其數。通其變，遂成天下之文；極其數，遂定天下之象。」《易經》力圖用象徵比擬的思維方式揭示自然和社會普遍存在的矛盾關係，並依據這些關係說明事物變化的原因。

作《易》的人先設卦，即畫出六十四卦的卦畫，如乾卦畫為䷀，坤卦畫為䷁，屯卦畫為䷂。其次是觀察卦畫之中的象。最後繫辭，在卦與爻的下面配上文字加以說明，讓人一看卦辭就知道吉凶。例如：

泰䷊（下乾上坤）

泰，小往大來，吉，亨。（泰卦，小往而大來、亨通）

初九：拔茅如，以其滙，徵吉。（第一爻：拔起相連的茅草，以其匯集，出徵有吉。）

九二：包荒。用馮河，不遐遺，朋亡，得尚於中行。（第二爻：包容八荒，利用馮河，不遺失遠向，沒有私朋，配了中正而行。）

九三：無平不陂，無往不復，艱貞，無咎。勿恤其孚，於食有福。（第三爻：沒有平路不起坡的，沒有過往的事物不反覆的，在艱難中守正，無災。不要體恤，要誠信，會有食福。）

六四：翩翩不富以其鄰，不戒以孚。（第四爻：翩翩輕舉不能使鄰里富有，不戒備信用。）

六五：帝乙歸妹，以祉元吉。（第五爻：帝乙嫁女，福祜大吉。）

上六：城復於隍，勿用師。自邑告命，貞吝。（第六爻：城池變為溝坑，不可用兵，自己在邑中宣告命令，守正，憂吝。）

又如，否䷋（上坤下乾）

卦辭說：否，之匪人，不利君子，貞，大往小來。（否卦，無人道，不利於君子，守正，大往而小來。）

初六：拔茅茹以其匯，貞、吉、亨。（第一爻：拔起相連的茅草匯集，守正，吉祥，亨通。）

六二：包承。小人吉，大人否，亨。（第二爻：包容承受。小人有吉，大人閉害處塞，亨通。）

六三：包羞。（第三爻：包含羞辱。）

九四：有命，無咎，疇離祉。（第四爻：有天命，無災，同類得福祉。）

九五：休否，大人吉。其亡其亡，繫於苞桑。（第五爻：否運要休止，大人有吉。將亡將亡，繫結在桑木上。）

上九：傾否，先否有喜。（第六爻：否要傾變，先有否而後喜。）

上述泰卦和否卦都有卦辭、爻辭，而且卦畫上表現為乾坤互置，上下相反。否是泰的反面。泰是交通，否是閉塞。泰是天地交通而萬物生，否是天地閉塞不通而萬物不生。泰是上下交而志同，否是上下不交而志不同。《易經》明於天之道，察於民之故，既講自然界的規律，也講社會人事的道理。認為自然界和社會人事兩種規律有其一致性。

泰卦、否卦就是明顯地把自然界的規律和社會人事規律放在一起對待的。泰象徵天地之間與人類社會有時會出現一種交通和暢的最佳狀態。這種天地相交、二氣相通，在卦畫上反映出來就是乾下坤上。天在下，表明天氣上升；地在上，表明地氣下降。在上的往下降，在下的往上升，兩者必然相交。否卦則不然，坤下乾上，天在上，天氣未曾下降；地在下，地氣未曾上升，二者必然不相交。否卦表明天地不變、世情閉塞。

《周易》六十四卦，卦卦都深含著義理。義理是根據卦象推斷出來的。也就是說，每一卦象都喻意一個或一些道理。從乾卦看，它的義理有三點：

第一，自然界存在著兩種相反的東西，它們能夠相交相通。天地之間陰陽二氣相交是普遍存在的。它貫穿在萬物之中，是萬物生長發育茂盛的根本原因。陰陽相交，引申到人事問題上，君上與臣下，統治階級與被統治階級，也有上下相交而志同的時候。這時，社會生產發展，政治穩定，經濟繁榮，是泰的出現。

第二，平陂城隍、泰極而否，一切事物都在無情地變化，由量的變化達到質的變化，這是客觀規律。天道如此，人道也如此，誰也無力抗拒。

第三，君處泰之時，要特別小心謹慎，不能盲目樂觀，不然就會樂極生悲，泰極否來。要做到「包荒，用馮河，不遐遺，朋亡」。既要大度寬容，容忍一切可以容忍的事，也要奮發向前，銳意改革。既要遠近親疏兼顧，又要絕去朋比，無私無偏。

從否卦☷☰卦象看，上三爻與下三爻與泰卦都是相應的，但泰否卦也並不相應。泰卦初徵而四孚，二中行而五歸妹，三陂平而城復，凡相應之爻義也是相交的。否卦初拔茅而四有命，二大人否而五大人吉，三包羞而上後喜，相應之爻，爻義都沒有相交的意思。但否卦六爻之爻辭不見一凶咎字。原因在於否卦六爻陰陽平分，像君子與小人並生於世上，尚未到柔剝剛的時候，小人為害並未顯著。如果六爻一陽在上受五陰之剝卦，即☶☷，方成小人的世界。

就否卦全卦看，君子道消，小人道長，「不利君子貞」。然而，從其各爻排列看，情況並不是於君子不利。上卦三爻皆陽，君子在上，否已過中，形勢於君有利，「休否」、「傾否」已勢所必然。此時，只要大人君子順應規律，心存危懼，積極行事，謹慎從政，便可以無咎得吉。這就是「先否後喜」。下卦三爻皆陰，小人皆受君子之治，自顧不迭，無暇無力將其為害君子的願望變成現實。由於六三「包羞，位不當也」，小人便不能施展其用心，只能忍辱含垢，接受君子統治。一旦由位不當變為位當，小人便有可能幹壞事，君子務必注意提防。

經由對泰否兩卦的卦爻分析，可以明顯地看出，《周易》中的象數與義理環環相扣，每每相應，卦象比附義理，義理蘊含於卦畫之中。抽象簡單的奇數偶數方程式，表達了萬事萬物的樣式、形態、變化、發展、本質和規律。我們正是透過卦象比擬，掌握《周易》所提示的宇宙發展和人生變化的大道理。

由以上分析，我們還可以看到，《周易》除了以卦畫、卦序及其演變象徵事物及其規律外，還用卦辭、爻辭的意境象徵事物之間的本質聯繫。雖然，卦畫、卦爻辭比擬的事物和聯繫往往缺乏科學根據，是主觀上的想象附會。

但是，我們不能苛求古人，應肯定這種直觀的感性認識已經形成一種固定思維模式，屬於一種低級的理性認識或抽象思維。它反映了中國古代人們理性的覺醒和認識能力的飛躍。

從人類認識歷史發展過程看，《周易》運用卦象比擬進行唯象思維，是與當時的歷史條件相聯繫的。在我國原始社會末期，人們認識能力受到實踐手段和實踐範圍的制約，大自然雖然向他們敞開了懷抱，但能反映到頭腦中的認識卻十分模糊而神秘。在當時，文字初造，語言簡陋，言不足以屬意，於是立象以屬意，便成了認識的必然性。同時，人們的思維基本上是直觀的、片面的、表面的抽象，形象思維是主要的思維工具。人們往往用這種自發的、宗教和藝術（形象）相結合的手段或工具，對撲朔迷離的自然界進行認識。這種認識反映在《周易》中就是一卦一事一爻一物的思維模式。

根據後人所作的《說卦傳》，八卦的取象多達一〇二種，在基本卦象即天地雷風水火山澤基礎上象徵一〇二種事物。

乾：天、圓、君、父、玉、金、寒、冰、大赤、良馬、老馬、瘠馬、駁馬、木果。

坤：地、母、布、釜、吝嗇、均、子母牛、大輿、文、眾、柄、黑。

震：雷、龍、玄黃、敷、大涂、長子、決躁、蒼莨竹、萑葦、行、殺。

巽：木、風、長女、繩、工、白、長、高、進、退、不果、臭。

坎：水、川、隱伏、矯柔、弓輪、勞、憂、赤、薄蹄、曳、通、月、盜、多心。

離：火、日、電、中女、甲胄、戈兵、大腹、鱉、蚌、龜、槁、羸。

艮：山、徑路、小石、門闕、果蓏、閽寺、指、狗、鼠、多節。

兌：澤、少女、巫、口舌、毀折、附決、妾、羊。

八卦取象雖多達一〇二種，但並不能反映世界萬物的各種複雜情況，因而八卦相重，排列組合成六十四卦，其象徵意義就大大地擴大了。每一卦都有一系列指物性的含義，既包括具體實物，又包括事物的屬性、關係和特徵。它們充分反映了我們的先人對宇宙間自然和社會現象的聯繫和思考。

《周易》由於用卦象表徵了物及其性質，筮卦的原理與義蘊包含在卦象、運數與卦爻辭中，這就使《周易》中的哲學思想、科學知識和歷史知識被籠罩在神學迷信的形式下面。本來，人們的認識是從感覺開始，感官接觸外部事物，從而獲得關於個別事物的片面認識，然後去粗取精，綜合概括，上升為理性認識。從感性認識上升到理性認識，需要藉助思維工具進行加工改造。

《周易》不是藉助於科學的邏輯思維和概念分析把握自己的感覺經驗，而是通過卦象進行類比思考。占筮得來的卦象實際上也是一種思維抽象，但它同客觀事物本無關係。卦象解釋主要是依據人們的生活經驗，風馬牛不相及的事物都可以用卦象聯繫起來。透過卦象比擬獲得「真諦」，因象明理，以象代思，主觀臆測，任意比附。

這種因象明理的唯象思維，運用卦象類比，找出兩個特殊對象在同一種關係中地位和作用的相似點，給人的認識予以某種啟發，並由此得出新的結論。以卦象、物象為工具的唯象思維模式，在人類早期認識活動中是自然產生的，有一定的積極意義。因為在那時，人類認識總是與宗教神話糾纏不清，自然界的必然性使人類懷有強烈的恐懼感和神秘感。人們崇拜自然力量，反映在人的頭腦中就形成各種事物的神話宗教觀念。在這種情況下，人們需要藉助某種符號形式，反映他們對自然力量的觀念。

哲學家卡西爾說：「神話的每一種源頭，尤其是每一種巫術世界觀，都滲透了對符號之客觀性質和客觀力量的信念。詞的魔力、形象的魔力和文字的魔力，是巫術活動和巫術世界觀的基本要素。」

「在所有的文化形態中——神話和語言、藝術形態以及關於世界及其相互關係的理論概念的形式——符號發揮著積極的、創造性的力量，這種情況是多種文化形態間對應關係的實質性因素。」①

①卡西爾：《神話思維》，中國社會科學出版社，一九九二年版，第二六、二七頁。

這就說明，在不同文化背景下，人們的思維活動都需要藉助一定的符號形式。符號的表徵功能超越了客體的現實，使人的表象內容與符號內容直接融合起來。《周易》是中國傳統文化的象徵，它採用的卦象符號體系和唯象思維方式，是中國古代文化發展的特殊標誌，促進了古代人們認識活動的不斷發展。我們要在認識其積極和消極二重性的前提下，充分肯定其地位和作用。

創意解經的卦象推導

《周易》唯象思維在後來的發展中突破了一物一象，單一對應的象數比擬模式，形成了象外生象，「互體」推導、觸類旁通、互為變卦的卦象推導模式。「神無方而易無體」，「惟變所適」，這是《周易》卦象的根本特點。無論講卦象、互體、旁通，還是講卦變卦爻變，相同之處就在於象外生象，卦爻辭牽就卦象，使言、意、象達到統一。

《周易》卦象由兩個單卦上下相疊而成，單卦仍保留著天地雷風水火山澤的原始意義，但其作用已不侷限於自然物質而加入了人的因素。有的作為比喻，有的作為象徵，讓讀者由形象思維而對卦義有深刻的理解。卦象與卦辭配合，卦象用來當作卦文的示意圖，卦辭也就是看圖說話。

例如遁卦：䷠艮下乾上，這一圖象為什麼取名遁卦？根據《序卦傳》的說法意思有三：⑴艮下乾上是說「天下有山」，隱退者為了躲避世人，往往隱居山林之中，故卦象為遁，遁為消失隱退的意思。⑵乾為天，艮為山。天在上，是陽物，有上進的性質。山是高起之物，又是止之體，有上陵而止不進之象。一個要上進，一個上陵而止不進，乾艮相違，故卦名遁。⑶卦中二陰自下而生，是陰將長而陽漸消的時候，小人漸盛，君子當退而避之，皆遁。

由遁卦卦象，人們可推導出象外象，引申出君子處世之道等許多意思。君子觀道之象，受到啟發，知道了應該如何遠小人的問題。在遁的時候，「君子以遠小人，不惡而嚴」。對待小人，不可使他知道你憎惡他，否則他必加害於你。但是與小人的界限要嚴格劃清，在原則問題上絕不對小人讓步，讓小人知道你是不可侵犯的。「不惡而嚴」，就是要外順內正、待彼以禮、自守以堅之意。

又如兌卦：䷹兌下兌上，卦辭為「兌、亨、利貞」。兌卦之義實際上是講人與人之間如何建立和悅（悅就是兌）的關係問題。與人建立和悅的關係，是一件好事情，各方面都不至於反對，所以悅亨，悅而可以致亨。但與人和悅是有條件的，悅必以貞正為先決條件。悅不以正道，則為邪諂，邪諂是君子所不取的。

還有一種兌卦解釋，認為兌卦是商業的總結，卦象是重兌，兌為澤，澤猶潤也；商人以利潤為目的，兌上加兌等於悅利上加利。在這種解釋中，兌是承用舊名而賦予新意之卦。

根據剛柔相長原理推斷四時變化。《周易》把對立面的轉化描繪成剛柔（亦即陰陽）消長的過程。剛長柔消，柔長則剛消。剛柔相長的過程實質上是剛柔漸變、相互取代的過程。這一過程反映了自然界客觀規律，也是客觀的自然過程。

《周易》六十四卦有十二個特殊卦象，它們的剛爻與柔爻自初至長排列而不相錯雜，這就是䷗復、䷒臨、䷊泰、䷡大壯、䷪夬、䷀乾、䷫姤、䷠遯、䷋否、䷓觀、䷖剝、䷁坤。從這十二卦象看，陰陽柔剛變化很有規律，前六卦是陽爻逐漸增加，陰爻逐漸減少，後六卦則相反，陽爻逐漸減少，陰爻逐漸增加。正是根據這一剛柔相長規律，《周易》把它與一年十二個月聯繫起來，認為十二卦的剛柔消長是天道運行十二個月消息盈虛的反映。「變通配四時」，「物不可以終盡，剝窮上反下，故受之以復」。（《序卦傳》）

陰長陽消，陽長陰消，反覆無窮，此乃天道。自然界中的天地日月星辰運行不止、日月盈虧、四時交迭、晝夜更替是自然規律，非人力所能為。

把十二消息卦同十二月明確聯繫在一起，並使成為一種卦氣理論的是漢代易學家所為。漢代的孟喜、京房以卦象解說一年的節氣，提出卦氣說，即用六十四卦配四時，十二月、二十四節氣、七十二候。認為春是少陽、夏是老陽、秋是少陰、冬是老陰，把一年四季用坎☵、離☲、震☳、兌☱四卦表示。震為動，比喻春天萬物萌生；離為火，表示夏季暑熱似火；兌為悅，喻示秋天萬物生長，人們喜慶豐收；坎為勞，配冬天，萬物疲勞，處於蟄伏休息狀態。另一易學家虞翻提出十二個月卦，他說：「變通趨時，謂十二月消息也。泰、大壯、夬配春，乾、姤、遁配夏，否、觀、剝配秋，坤、復、臨配冬，謂十二月消息相變通而周於四時也。」

根據這段話，我們將卦、月、時對應列表如下：

表一

復	11月	子
臨	12月	丑
泰	1月	寅
大壯	2月	卯
夬	3月	辰
乾	4月	巳
姤	5月	午
遁	6月	未
否	7月	申
觀	8月	酉
剝	9月	戌
坤	10月	亥

漢代京房等人把中國古代的五行（金、木、水、火、土）理論納入八卦體系，將八卦各配以十干，將各爻分別配十二支，創造了「納甲說」。（因甲是十干之首，故稱納甲。）對「納甲說」，三國吳人虞翻（一六四—二三三）解釋說：「甲乾乙坤相得合木，謂天地定位也；丙艮丁兌相得合火，山澤通氣也；戊坎已離相得合土，水火相逮也；庚震辛巽相得合金，雷風相薄也；天壬地癸相得合水，言陰陽相薄而戰於乾，故五位相得而各有合。」

鄭玄以卦象配二十八宿，創立了所謂的「爻辰說」。該說是以乾坤二別卦象徵太極，其陰陽十二爻相間排列以納干十二地支。以地支分布於四方以代四季十二月，然後每季納七個星宿。構成四個同心圓相迭二十八宿爻辰圖。圖中每一星辰都有對應的爻位。爻辰圖是典型的為自然立法，將象數推演的結果作為天體運行規律。

以上卦氣說、納甲說、爻辰說，都是漢代的易學家按《周易》象數推演排列成整齊劃一的模式，用以框套四季、十二月、節氣、物候、星辰的運轉變化周期，模擬自然，繪製圖象。它們對當時人們所取得的一些感性直觀知識作某種形式上的歸納總結和排列組合，使其圖式化、形式化、序列化，模擬轉化，以預測未來。後來，這些學說長期被術士巫師所濫用。

為使《易》象變化無窮，說明更複雜的事物，漢代象數學家們還發明了「互體」、「旁通」的卦象推導方法。

所謂「互體」，即一卦六爻，除初爻與上爻外，中間二、三、四與三、四、五爻又交互而成兩個三畫卦，如隨卦䷐的二、三、四爻構成艮卦☶，三、四、五爻構成巽卦☴。這樣，一卦於上下二體之外，又增加兩卦，不但卦象增加一倍，而且還可以將本體與互體參互取象。由此可見，互體說旨在象外生象，擴充卦象容量。

所謂「旁通」，是一卦之中，陽爻改成陰爻，陰爻改成陽爻，構成新卦。新卦與原卦的關係就是旁通關係。如否卦䷋，陽改陰，陰改陽之後，就變成泰卦䷊。又如復卦䷗旁通為剝卦䷖。說明卦象相反之卦，可以相通。旁通之卦與原卦的卦象相反，使人們不自覺地運用相反相成的矛盾法則，學會從對立面考慮問題。當然，這種思維方法並非旁通論者的初衷。旁通論實質意義是象卦外生象，曲意附會，借象解經。

《周易》象數學創意解經的卦象推導，其思維方式是一種唯象思維。這種思維是將萬事萬物納入主觀創設的象數框架中，根據陰陽消長原理，結合星辰運轉、萬象變化的周期規律，闡發易理，以象解經。從而將《周易》神秘化、圖式化、程序化，並通過易象的模擬轉化，形成一套固定不變的唯象思維模式。

神秘莫測的卦象推導中的象外生象的互體旁通和圖式規範，在某種程度上可以啟發人們的思維，鍛鍊人們的思維能力。中國古代天文、曆象、物候等自然科學的萌芽發展與易象推導不無關係。卦象類比和推導，能誘發人們的想像力。人們能夠在文字和符號兩大系統相互轉換過程中，推斷客觀事物的發展變化，領悟自然界的有機聯繫和無窮奧妙。這就為人們的思維打開了廣闊的天地。

八卦雖然簡樸，寓意卻十分廣泛，且能啟示思維，是打通科學聯繫的一把鑰匙。學者們普遍認為研究《周易》，大有文章可做。有人認為，六十四卦象中已顯示出了當今的發明創造，例如，渙卦像大舟，訟卦像鐵船，未濟卦像汽船，否卦像飛機，晉卦像無線電，復卦像地雷等等。

還有報導說，曾在法國留學的博士劉子華，用了三年時間研究太陽系各星體與八卦圖的關係，證明每一對偶卦所屬星體的平均軌道速度和密度，均為一個恆數。根據這一觀點，他預測太陽系除九大行星外，還有一顆行星存在。他稱這第十顆行星為木王星。他的博士論文《八卦宇宙論與現代天文——日月之胎時地位，一顆新行星的預測》經過中外許多專家評審，通過答辯並於前些年公開出版。劉子華對第十顆行星的預測雖未經證實，但已引起世界有關學者的廣泛重視。用八卦來研究現代天文，表明《周易》與科學的聯繫和對人們思維的啟發意義是十分深刻和深遠的。沒有《周易》卦象的引申和推導，不找出不同事物的相似點和偶合系列，就不會有《周易》預測功能，對古代和現代的自然科學的指導意義也就無從談起。

立象盡意的意象思維

在傳統文化中，人們要把握事物的具體意義，往往藉助於具體的形象符號來進行。這種觀物取象、立象盡意的思維方式被稱之意象性思維。好類比，貴意象是《周易》思維方式的主要特徵之一。

從具體形象符號中把握抽象意義的意象思維活動，帶有具體性、經驗性和直觀性。它是以「象」作仲介直接把握事物的理性具體即意。強調「象」，突出「象」在認識活動中的作用，是唯象思維的中心內容。《周易》象數學中的八卦先天圖、後天圖、洛書圖、六十四卦方位圖、圓圖、方圖、太極圖、無極圖等等，都是運用陰陽符號組成的圖象表現思維。這些圖象都是古代人們思維的載體。思維的真正目的在「得意」，《周易》就是透過卦爻符號體系來闡發天道人事。六十四卦及其所有的變卦，都蘊含著天地萬物化成更新的深刻意義。

「立象以盡意」是中國古代人們思維從低級向高級的初始階段。人類思維發展軌跡表明，圖騰、巫術、神話思維等是人的行為思維向概念思維的過渡。這一過渡也是思維擺脫世界，「思維」和現實世界脫離，並且作為某種獨立的東西的獨立化過程。這是人類思維發展的必經階段。在思維獨立化階段，行為思維要變成概念思維，需要想像力、構思力，更需要思維操作工具——語言和符號。

思維只有在語言、符號的基礎上才能真正獨立。而人類語言符號體系的建立是與擬人化的我與思維分不開的。人類一旦把「我」異化出去，實現主體與客體分離，就會把自己幻想成超人，可以超越人類自身而變成主宰自然的力量。這樣，就產生了圖騰、巫術和神話，人類正是經過圖騰、巫術、神話這些幻想形式，獲得思維抽象能力的發展。由此形成抽象、想像、構思、比擬、聯繫、轉換這些思維能力，還形成了諸如因果、相互聯繫和轉化、同一、差異等觀念。

《周易》中的「⚊」、「⚋」符號何時形成，史學上說法不一，但必定產生於圖騰、巫術、神話較為發達的年代。據古甲骨文記載，我國殷周時代是迷信龜卜的，龜卜和占筮是上古時代人們向天神或鬼神卜問吉凶禍福的方法。我國古代神話《夸父追日》反映了上古時代人們對世界的探索，西周時形成的卦象符號，表明了人們對自然界認識昇華到一個新階段。

八卦是以形象為思維仲介。這種認識是先把握形象，然後把握關係，具有經驗性、直觀性、內隱性、多義性。同巫術思維、神話思維一樣，八卦思維也是一種民族思維形式，是中華民族早期的思維框架和思維準則。

八卦思維是把感性形象與抽象意義結合起來的符號性思維。它既不同於感性的知覺表象，又不同於理性的抽象概念，而是經由具體形象表現抽象意義的意象思維。由陰爻陽爻排列組合成的卦象隱含著自然、社會發展變化的道理。在卦象中，符號和意義、形象和本體、思維主體和客體對象完全合一。

對此，《繫辭傳》概括說：「八卦以象告，爻彖以情言。剛柔雜居，而吉凶可見矣。變動以利言，吉凶以情遷。是故愛惡相攻而吉凶生，遠近相取而悔吝生，情偽相感而利害生。凡易之情，近而不相得則凶，或害之，悔且吝。」

就是說，八卦以其卦象告人，爻辭和卦辭以其文句說明所占之事的情況。剛柔爻象雜居一卦之中，表示事情的吉凶。爻象的變動，是由於客觀事物利害關係的變化，要隨著事物變化情況來判斷吉凶。這段話對卦象和卦爻辭的作用做了說明，並指出吉凶的由來是爻象變動所致，清楚表明八卦思維中符號和意義是有機統一的，是一種典型的意象思維。

《周易》運用卦象和卦辭闡發萬物之義理，由符號形式的關係推論出所代表的事物之間的關係。例如復卦（䷗），震下坤上。復是反本的意思。從卦來看，一個陽爻在五個陰爻之下，是陰極而陽反。對此，《序卦傳》的解釋是：「物不可以終盡，剝窮上反下，故受之以復。」就是說，陰陽消長是自然規律，陰可以剝陽，但不可以剝盡，剝到極處，陽便要復生。陽被剝極於上，就要復生於下。其間不會有一忽的間斷，所以，剝卦（䷖）之後是復卦。根據這個道理，我們看寒暑變易，夏正十月陰盛至極，到十一月冬至的時候，陽氣反生於地中。

復卦的卦辭和爻辭反覆說明事物盈虛消長，對立而依存和轉化的規律。「復，亨。出入無疾，朋來無咎。反覆其道，七日來復，利有攸往。」「初九，不遠復，無祇悔，元吉；六二，休復，吉；六三，頻復，厲無咎；六四，中行獨復；六五，敦復，無悔；上六，迷復，凶。有災眚，用行師，終有大敗，以其國君凶。至於十年不克征。」復卦是講陽被剝掉之後，又回復如初的道理。初九處在復卦之初，是最近最早的復，所以，不至於悔而得「元吉」。

對一個人來說，有了過錯就能認識到，認識了就改，這樣就不至於後悔莫及。認識到過錯馬上就改，這就是「不遠復」。上六以陰柔居復之終，有迷而不復之象。迷而不復，猶如一個人犯了錯誤不知悔改，動輒得咎，其凶是必然的。在這種情況下行師打仗，必然大敗告終。在此情況下治國，則君主必凶。只要迷而不復的狀況不改變，便永遠「不克征」，永遠有災禍，永遠失敗，永遠「以其國君凶」。每卦在復的時候，一陽在下初生微動，縱然有五陰壓抑在上，也顯得生機盎然，沒有什麼力量能夠使它停止向上的成長。這就是「天地之心」，即自然規律的客觀性，也是天地之間萬事萬物中剛柔相摩、陰陽消長、剝極而復的客觀規律。

《繫辭上傳》說：「易與天地準，故能彌綸天地之道。」「夫《易》何為者也？夫《易》開物成務，冒天下之道，如斯而已者也。」

《易》是一部哲學著作，概括了天下一切事物發生發展的一般規律，故能「明天之道」，「察民之故」。有專家認為，六十四卦卦爻辭為周文王，周公所作，是當時周滅商的歷史進程及其成敗因由的記錄，不是「筮辭的堆砌」，更非「迷信的典籍」。認為《周易》卦爻辭是在東土既定、殷民未清的情況下，周公、召公為了使德治保民的方針貫徹執行下去，永保周朝的長治久安，便命人將興周滅商的歷史進程和經驗教訓記錄下來，以指導後嗣子孫治國興邦。

《周易》卦爻辭所體現的天命不常，「革命」合理，事在人為，以德化民，修身齊家，自納於德，民心可畏，見盛知衰，殷鑒不遠，自強不息等觀點，孕育了孔子仁義觀念和德治主張，對中國儒家文化傳統形成具有重要作用。

《周易》上述思想並不是以史記典籍形式寫成的，而是以占筮參考書形式發揮出來，所有觀點都是用卦爻辭表達，並以卦畫排列次序反映其道理義蘊。例如，「以德化民」思想在「蒙」、「否」、「姤」、「恆」、「損」、「井」等卦中有所闡述。「蒙・九二」：「包蒙吉，納婦吉，子克家。」意為包容殷民，令男娶妻，讓婦成家，君民兩利。「恆・初六」：「浚恆，貞凶，無修利。」意為，對民煎熬太久，事必凶多吉少，對我無有所利。

由於《周易》總結了周滅商的經驗教訓，提出了修身、齊家、治國等一系列人事觀念，並付諸實施。因而，《周易》關於天命、政治、倫理道德的根本觀點，就成為西周王朝統治的理論基石，也成為中國封建社會思想發展的源頭。從中，可以看出《周易》的創立主要是為西周統治階級服務的。

六十四卦中，乾卦居首，以龍象徵周朝統治者。龍處於變化之中，呈現出「潛龍」、「飛龍」、「亢龍」、「群龍」等或凶或吉狀態，出現或「在田」，或「躍在淵」，或「飛在天」、或「戰於野」等有利或不利的處境，但最終是「中行獨復」，「反覆其道」。這一卦象意味著，周王朝儘管經過君王更迭、興衰強弱的過程，但最終還是要歸復到周初的興盛之道。

《周易》是在周貴族戰勝殷貴族並建立了西周奴隸主政權的變革時期成書的。作為時代的產物，它必然要反映西周奴隸主階級的思想意識。由於當時社會崇尚卜筮迷信，生產力水平和科學文化水平低下，西周奴隸主的意識形態採取卦象這種特殊的意象思維模式反映出來，有其一定的必然性。

《周易》採用意象思維方式表達天理人事，並借用符號和文字兩大系統的相互轉換，將深奧的哲理寓於簡潔嚴整的卦象形式中。把思維內容納入符號系統的框架圖式，必然要求對思維內容進行加工整理，使之條理化、明晰化、概念化。而人們正是運用抽象符號形式來推論出世界萬物的普遍聯繫和發展變化。

這種抽象符號形式思維的特殊性使《周易》不可避免帶有主觀性，使意象思維模式也不可避免地具有「削足適履」，機械套用等消極作用。但是，我們充分肯定《周易》意象思維方式對人們鍛鍊思維，開闊視野，提高思維能力的意義和作用，充分肯定它在中華民族早期認識活動中的主導性和必然性。

第三章 《周易》的整體思維

《周易》把陰陽矛盾的對立與統一看成是自然界和社會萬物生成發展的基礎。陰陽交感而萬物化成，氣化凝聚為萬物。為此，《周易》提出「一陰一陽之謂道」這一涵蓋極廣的哲學命題。世界萬事萬物莫不起源於一陰一陽的合二而一，任何事物都按照一陰一陽的規律發展變化。

基於陰陽概念具有包攬一切的普遍意義，《周易》把一切自然現象和社會關係，統統納入由陰陽兩爻所組成的六十四卦系統。「易有太極，是生兩儀，兩儀生四象，四象生八卦」，八卦衍生萬物，世界是一個「生生之謂易」的有機整體。在這有機整體的範圍內，陰陽相推，剛柔相摩，「先否後喜」，「否極泰來」，一切對立和變化都會自我調節，最後達到事物自身平衡穩定的「常道」。

善於發現事物的對立，並在對立中求統一，在變化中求不變，兩極相融，對立統一，是《周易》整體思維的一個重要原則。

陰陽統一：整體思維的基礎

陰陽、奇偶的對立的觀念是《周易》體系建立的基礎，也是其整體思維的基礎。沒有陰陽對立這一基本矛盾，八卦、六十四卦就難以成立。陰陽這一基本矛盾，在八卦中演變為天與地、雷與風、水與火、山與澤四對矛盾，進而演變為重卦之間的三十二對矛盾，如泰與否、損與益、既濟與未濟等等。六十四卦實際上是互相矛盾的對立統一體，是按正反兩卦的形式排列成體系的。

上卦與下卦也往往表示事物的對立與矛盾關係。例如，無妄卦䷘（震下乾上）與大壯卦䷡（乾下震上），從卦象看，無妄卦為帝王權威之象，天有雷震；大壯卦則相反，表示人民反抗的力量壯大，足以危及帝王統治。由於六十四卦是由八種卦畫「因而重之」得來的，因此，上下卦顛倒互為兩端的情況多次出現。

將原卦和顛倒卦合為一組，表示一件事物的兩端或多歧現象。如損卦䷨（上一陽爻，中三陰爻，下二陽爻），上下顛倒就成為益卦䷩（上二陽爻，中三陰爻，下一陽爻），上下兩端正好相反。損、益兩卦表示一種結果之兩端。又如漸卦和歸妹卦，其內容為婦女守節與女子私奔，為一種婚姻制度之兩端；咸卦和恆卦為夫婦之兩端，咸言夫道，恆言婦道。咸、恆、漸和歸妹這四卦，都是講夫婦、男女關係，但各有側重。咸與恆主要講個體家庭中的夫婦關係，漸與歸妹則側重在女子出嫁的問題上。其中恆與漸重夫婦之義，咸與歸妹則重男女之情。這四卦通過卦義相合，陰陽相應的推理闡發，論證世間男女夫婦之間的倫理道德。

《周易》卦象和卦辭都體現了對立統一思想。它在《周易》中主要表現為：分陰分陽，分剛分柔，陰陽相感，剛柔迭用，一分為二，合二而為一。經由的是二，追求的是一，對立育萬物，萬物歸一統，「各正性命」、「保合太和」。一切對立都以統一為最終結果，此謂「常道」。

這種觀點表現為一種整體穩態平衡的思維模式，整體是這種思維的出發點和落腳點。這種思維模式在《周易》中有如下表現：

第一，注重陰陽消長的過程。陰陽作為對立面，在卦辭中充分表現出來，乾坤、吉凶、得喪、泰否、損益、大小、遠近、內外、出入、進退、上下、往來、既濟未濟等等。這些矛盾對立的範疇和概念，反映了天地萬物的矛盾對立現象。事物都是一分為二的，從事物矛盾對立面著眼，是人們認識的起點，符合事物發展的辯證法。《周易》以柔代表陰，以剛代表陽，認為事物變化發展的過程和天道運行一樣，是剛長柔消，柔長剛消，剛柔相互消長的過程，這是自然界和社會變化的客觀規律。「君子尚消息盈虛，天行也」，對陰陽消長之規律，人們只能認識它、順應它、利用它。剛變柔的例子如：六剛爻的乾䷀，一變為姤䷫，二變為遯䷠，三變為否䷋，四變為觀䷓，五變為剝䷖，如此陰長陽消直至六爻全成陰爻，便是坤卦䷁。剛變柔，陽變陰，最後剝到盡時，剛長柔消的時候必然到來，如此反覆，故剝卦之後為復卦。這樣一個柔長剛消，剛長柔消的過程乃是「天行也」，或曰「天地之心」。

第二，注重陰陽互相滲透，剛柔交錯。所謂剛柔交錯，是指一卦中上體剛爻或柔爻與下體柔爻或剛爻之間的特殊關係，表現為一方一個單獨的剛爻與另一方一個單獨的柔爻的交錯關係。在這種關係中剛柔相易，稱卦變。剛柔交錯的卦象只有震、艮、坎、巽、兌、離六卦，乾、坤兩卦除外。六卦前三和後三上下一一組合，演繹出不同卦形。這種現象說明，剛柔相推而生變化，對立面的兩極交互滲透，是有機結合在一起的。

第三，注重萬事萬物的一分為二，合二為一。《周易》認為事物分為對立著的兩個方面，如天地、乾坤、陰陽、剛柔、男女等，對立著的兩個方面必然統一為一個東西。既強調一分為二，又重視合二為一，把任何事物都看作是一個矛盾統一體。實際上，《易》是世界，是乾坤，乾坤矛盾運動的過程也就是《易》。《繫辭下傳》指出：「乾坤其易之門邪！乾陽物也，坤陰物也。陰陽合德，而剛柔有體，以體天地之撰，以通神明之德。」乾坤合德生成六十四卦。乾坤、陰陽、剛柔在運動中經過「相摩」、「相蕩」、「風雨」、「日月」、「寒暑」的作用而成形成象，成男成女。《易》的變化就是這樣一種一分為二、合二而一的生生不息的過程。如《易》損卦六三爻辭是：「三人行，則損一人。一人行，則得其友。」對此，《繫辭傳》說：「天地絪緼，萬物化醇；男女構精，萬物化生。易曰『三人行則損一人，一人行則得其友』，言致一也。」這裡突出強調陰陽兩儀怎樣合而為一。天地、男女是陰陽的泛指，是二，一陰一陽，因此，兩者勢必絪緼交密，精氣交構，以致精醇專一，化生萬物。天地萬物都是這樣合二而生一。由此可見，沒有二便沒有一，二必發展為一。是二必損一，是一必得一，結果只有二，二是一的統一體，陰陽變化而化生為一。

一陰一陽是矛盾的兩極，它們並不是絕對對立，而是相互吸引、和諧相融的統一體。《周易》中的泰卦☷☰，乾下坤上，地在天上，顯然是一對矛盾。「泰，小往大來，吉亨，則是天地交而萬物通也，上下交而其志同也。內陽而外陰，內健而外順，內君子而外小人，君子道長，小人道消也。」（《彖傳》）

泰之所以為泰，所以吉亨，是因為「小往大來」，上下相交通，天地相交通。在泰卦中，地在天上，天與地實際上不能相交，但天為陽，陽氣上騰，地為陰，陰氣下降，於是陰陽二氣必然相交。陰陽相交就是陰陽和諧統一。陰陽只有和暢，才能萬物生遂，蓬勃發展。否卦則與泰卦相反，天地否閉，陰陽不通，剛柔不和諧。這種情況在社會關係上則人道不通，正氣不伸，小人得志。陰陽統一和諧是萬物之根本，抓住這個根本就能正確認識事物，在對立中把握統一，從部分中抓住整體。這是陰陽兩極相融原理給我們的深刻啟示。

矛盾是思維的本質，只要人在思維著，運用著語言、符號、邏輯系統，就必然有矛盾。在不同歷史時代，人們對矛盾的理解是不一樣的。

《周易》理解的矛盾是處理經驗直觀思維層次上的矛盾，而現代思維對矛盾的理解則紮根於事物運動發展的內在的、深層的機制中。雖然《周易》的矛盾觀是帶有直觀性的經驗思維，但不能否認它的辯證性。「一陰一陽之謂道」在現在看來仍然是具有普遍意義的哲學命題。這種從陰陽的對立統一中把握事物的觀念，實質上是一種整體思維方式，對現代人來說仍有啟發意義。

總之，《周易》透過對陰陽對立統一性質的論述，直觀地認識到事物發展變化的本質和規律。陰陽兩極互感貫通，相融統一，乃是《周易》整體思維的根本原則。從這一原則出發，《周易》形成了一個以陰陽為軸心的八卦整體觀和整體思維模式，為中國整個傳統思維奠定了基礎。

感性同一：整體思維的特徵

任何思維整合，都建立在某種客觀的或主觀的相關性之上。八卦思維將世界萬事萬物納入特殊卦象中進行思維整合，同樣也需要在主客體之間建立某種聯繫。斯特勞斯在《野性思維》一書中舉了一個原始人分類的例子：

本世紀初，九百名來自三十多個部落的澳大利亞土著人，被任意編組生活於一個政府拓居地。他們重新按其傳統建立了有系統的社會。這個社會系統是按各自部族原有圖式建立起來的，其邏輯依據或是人們的親屬關係，或是方位關係，或是自然現象和自然物種之間的關聯。

這個例子表明，原始人類思維是根據對象的外在形態區分不同的事物，是一種連整性的具象思維。它同樣力求有序化理解世界，按照客觀的某種關聯性，整合他所理解的世界，達到某種感性的同一。感性同一就是將外部直接感覺所攝取的客觀事物形象，按照相同、相類、相似特性統一起來。如看見紅色的流星，就認為它可能會帶來火災；看到巨大的健壯的松柏，就和人的旺盛的生命關聯起來。原始思維就是這樣用一種特徵來理解另一種特徵，藉助某種形式上的相似和一致，將一事物特性能夠移到另一事物上去。

一切原始民族都非常看重祭司和巫師，一旦遇到人力所不及的事情，都要舉行祭祀活動。其用意就在於透過祭祀，使自己能進入神靈狀態，達到人和神，人類和鬼魂的同一。這樣，神靈就可以幫助他們獲得成功。這種思維方式，給整個原始人的生存方式和求優模式帶來重大影響。很明顯，原始祭祀活動實際上是靈實相關的思維在實際活動中的感性表現。

《周易》觀物取象，以象譬物，經由八卦卦象和卦辭比附明瞭天理人事，這在某種程度上帶有原始思維特徵。憑主體直感而直解對象，即以自己內心的印象、觀念、想像來理解外物、識別外物，這樣便把一個自然對象在他身上所激起的那些感覺，直接看成了對象本身的性態，從而導致心物混一，主客混一。例如，《周易》乾卦爻辭中說的龍象，屬於自然現象。初九為「潛龍勿用」，九二為「見龍在田，利見大人」，九五為「飛龍在天，利見大人」，這些爻辭意味著龍由潛伏到騰空，同人的政治生涯從不見聞到飛黃騰達是一樣的。這就把天道與人事聯繫起來，以自己對自然的感覺來理解天道人事的規律。

八卦學說的特點是以八卦象徵各種物象，再用八卦象徵的物象，說明重卦的卦象，以此解說一卦的卦辭和爻辭，論證所占之事的吉凶。卦爻辭同卦爻象存在著必然的聯繫，而聯繫的紐帶為所取之物象，把物象同卦爻辭相匹配，以斷吉凶。利貞、貞吉、貞凶、貞厲、終吝、無咎、有悔、悔亡等都是表明或吉或凶的用語。

《周易》雖成於西周，但其源頭在原始社會末期人們的卜筮活動，它實際上應算古代的「卜筮之書」。揲蓍求數，因數設卦，由卦觀象，依象繫辭，這是《周易》一書的方法和體例。

在這套程序裡面，卦象具有重要意義。卦象雖然只是⚊、⚋ 符號的組合排列，但人們通過它的排列形狀，可以把它與不同對象關聯起來，客觀認識對象和卦象之間形成一種感性同一性。人們直感認定的不是客體對象本身的特點和本質，而是客體對象與卦象的某種關聯。人們的感覺感受的是卦象與客體的相關性。人們正是由這種相關性，來整合出現在他的意識中的紛然雜陳的世界。

有學者認為，中國哲學缺乏形而上學的東西，只喜歡具體思維，不喜歡抽象思維，哲學思維與經驗世界不可分。這種說法在一定程度上反映了中國傳統思維特點。八卦思維是一種唯象思維。思維機制主要是建立在感性經驗之上。認識主體的主觀感覺和內心體驗投射在客體上，使客體呈現出具象性特徵。

在「象」裡面，摻雜有人性善惡、吉凶徵兆、情緒體驗、幻覺想象、主觀設定等一系列感性因素。認識也是以這種「象」來對事物進行注釋說明，即仔細觀察理解客體對象與相應的象之間，在結構與功能上的相同點和不同點以及兩者相互關係。以「象」解物，實際上是以物解物，即把對一個對象的解釋轉移到對另一對象的解釋，使不同事物的相同表徵並聯起來，讓它們互相說明。

八卦思維就是依照感性同一原則，將客體互相聯繫，互相解釋，以物解物，從而尋求共同性的一種認識活動。將不同對象聯繫起來，加以比較，尋找共同點，或用一物比擬另一物，說明其共同性，這無疑是《周易》整體思維的一個特徵。

天人合一：整體思維的主題

《周易》把人和自然界看作是一個有機整體，認為世界上的一切事物都是一氣相通，一體相承的。因而，《周易》裡面，天人同構，一一對應。天人合一，演成系列，變成聯繫，奉為易道。易道「放之則彌六合」，「卷之則退藏於密」，作為「天人之道」，它的外延擴展到宇宙人生各個領域，放之四海而皆準。

《繫辭傳》說：「易之為書也，廣大悉備，有天道焉，有人道焉，有地道焉，兼三才而兩之，故六。六者非它也，三才之道也。」三才之道「是以立天之道曰陰曰陽，立地之道曰柔曰剛，立人之道曰仁曰義」。（《說卦傳》）

這表明包含一切的《周易》，其內容不過是天地人三才而已。天地人是《周易》的關鍵所在，缺少任何一個，《周易》便不成為《周易》。所以，「天人之道」是《周易》所推崇的重要「易道」。它追求的是天與人的統一與和諧，這是《周易》整體思維的一個根本點。

《周易》六十四卦之首卦為天即乾。可以這麼說，沒有天這一概念，整個易卦體系就建立不起來。天與地不可分，所以，六十四卦第二卦為地即坤。《易傳》對乾坤兩卦居首和乾先坤後的卦畫排列特別重視，反覆複強調，如「乾坤其易之門焉」；「有天地然後萬物生焉」；「乾坤其易之縕耶，乾坤成列而易立乎其中矣。乾坤毀則無以見易，易不可見，則乾坤或幾乎息矣」。

乾坤是天地，天地生萬物，萬物生生不息之謂「易」，《易》是乾坤之抽象，乾坤合德生《易》之六十四卦。八卦取象儘管靈活多變、不一而足，但乾坤兩卦取象天地則是固定不變的，是主象。有了乾坤、陰陽矛盾運動，才會成象成形，成男成女，乃至化生萬物。

六十四卦的變化囊括天地萬物。卦的變化實質上是陰爻、陽爻排列的變化。在陰陽一分為二、合二為一的對立統一中，對立的雙方又都包含著天、地、人三才。八卦重為六十四卦後，三畫卦變成六畫卦。六畫卦的初、二、三、四、五、上均有天、地、人的意義：五、上在卦畫上代表天，初、二在下代表地，三、四在中間代表人。六爻代表天道、人道、地道，而萬事萬物不可能超出天、地、人三道之外。

《易》六畫而成卦，兼三才而兩之。天、地、人三道雖是《周易》三個同一等次概念，但天尊地卑，地依附於天，天地不可分，乃是自然。所以，天、地、人三道歸根到底反映的是天人關係，是「天之道」與「民之故」的關係。

六十四卦的卦辭和爻辭是由天講起，然後歸結到人道上來。例如乾卦是講天的，卦辭是：「元亨利貞」，意思是健。乾就是健，天的性質就是健。而健是天體有規律地運轉，永不停息，什麼力量都不能阻止它，改變它。「元亨利貞」不僅指自然界春、夏、秋、冬四季交替，也可以指人的仁義禮智，以及其它具有乾健意義的人事物。乾卦六爻的每一爻辭都是講人事。如初九「潛龍勿用」，指人處在乾初九時，需晦養以待時，勿有所施行，勿有所作為。又如九五「飛龍在天，利見大人」，此爻剛健居中得正，又在君位，龍自下而上，由潛而躍，已飛上天。居此位的聖人是君子大人中最高明、最偉大的，其地位和才能可以破除一切障礙，猶如龍在天上自由飛騰，使天下享得其利。

六十四卦從乾坤至既濟未濟，莫不以點評人事為立足點，人道反映天道，天道說明人道，天人合一，天人同構，致使「天行健，君子以自強不息」。

中國古代哲學史上的主要哲學家都以論證「天人合一」為首要任務。他們之所以把「天人合一」作為哲學主題，是因為「天」（天道、天命、天理等）在中國古代哲學中是表現整個宇宙的最高範疇。「人」（人道、人倫等）則是人類社會的最一般概念。「天」和「人」是任何哲學家都不能迴避的問題。

中國傳統哲學派別林立，形式千差萬別，但在思維方式和要解決的問題上則有其共同點，即都以討論「天人合一」為中心課題。如果能在「天」和「人」之間找到統一性，並能說明這種統一性，那麼其他問題就會迎刃而解。例如，知行合一、情景合一等問題都可以得到理論說明。《周易》是中國哲學傳統之源，一開始就將天人問題提了出來。雖然《周易》沒有明確提出「天人合一」命題（「天人合一」這四個字的成語出現很晚，是北宋哲學家張載（一〇二〇—一〇七七）正式提出的），但其思想貫穿《周易》整個體系之中。

《周易》的「天人合一」思想主要有三點：

一、強調天與人各守其道，咎吝有別。天人關係反映的是人與自然的關係，天即自然，這是天的基本含義，有時也含有天命，神的含義。爻辭講「飛龍在天」、「初登於天」、「有隕自天」，指的是自然之天，指籠蓋大地之上的蒼穹。但「自天祐之」、「公用亨於天子」裡的天是人格化了的天，有神的意思。這兩種含義形成一個抽象概念「天」。所以《易傳》對天、天道則有更多論述，提出「天行健」、「有天道焉」、「立天之道」等思想。在《易傳》裡，天與地是統一的，「易與天地準」，認為「天地之大德曰生」、「有天地然後萬物生焉」。天地乃是自然，始終居卦象之首位。

《周易》講人，分「大人」、「君子」、「小人」。「大人」、「君子」是治人之人，是統治階級，是天子諸侯卿大夫。「小人」則是被統治階級，是庶民百姓，是治於人的人。革卦說：「大人虎變」、「君子豹變」、「小人革面」，三者變化不一。「君子」與「小人」在《周易》中頻繁出現，帶有政治、道德色彩，有褒貶之分。「《易》為君子謀，不為小人謀」，表明《易》中的人不是一般的人，而是君子。只有君子、大人才能同天發生關係，才能達到天人合一。

「天」有天道，「人」有人道，「天人合一」的前提是「天人之分」，《周易》追求天人和諧統一，首先承認天人不同，各有區別，各有其道，不容混淆。當然天道與人道並不是背道而馳，絕然不同，而是一體兩面，從根本上說可合二為一。因為天人是以《易》為連結的仲介，《易》能「彌綸天地之道」，又能「察於民之故」。它作為天人仲介，當然能夠將天人統一起來。

二、認為天的運行規律與人的活動規律有一致性，天的規律必在人的規律中得到反映。《周易》看待天人關係，著眼點在於規律性上，只有這樣才能「日月得天而能久照，四時變化而能久成。聖人久於其道，而天下化成。觀其所恆，而天地萬物之情可見矣」。（《彖傳・恆》）

天之動是自然的，人之動是有意識的，規律所起作用各自不同。人之動的規律需要人自覺地認識並加以利用，人的主觀意識和行動要符合客觀規律，要與自然規律相一致。但《周易》認為人的規律可以在天的規律中找到根據，天的規律則必在人的規律中得到反映。「天地養萬物，聖人養賢以及萬民，頤之時大矣哉。」（《彖傳・頤》）這說明天有什麼樣的規律，人也就有什麼樣的規律。天養，人也養；天感，人也感；天恆久，人也恆久。天的規律與人的規律具有同一性，這是《周易》天人合一觀念的主要表現。

三、聖人能夠順應、運用天之規律，從而達到天人合一。「夫大人者，與天地合其德，與日月合其明，與四時合其序，與鬼神合其吉凶。先天而天弗違，後天而奉天時。」（《文言傳》）人能否順應、運用規律是主觀的，有條件的，不是自然而然的，只有聖人能做到。一般人只能按照聖人的做法去做，方能做到與天同德。

聖人能夠與天地日月鬼神保持和諧一致，而普通平民百姓不能。這是說，人類要與天保持和諧一致，必須具備一定的主觀條件，進行一定的主觀努力。聖人講求仁義禮智，窮盡人性。人性與天性相通，「和順於道德而理於義，窮理盡性以至於命」。只有「盡其心者，知其性也」，方能「知天矣」。

《周易》把「天」與「人」相類比，賦予「天」以強烈的「人」性色彩，把「人」的道德性加之於「天」，使「天」成為一理性的、道德之化身。人們要與天地合其德，首先就要修身，加強自身的道德修養。這一思想為後來的儒家所發揮，成為中國傳統文化的核心內容。

《周易》的天人合一思想由於把自然與社會、天與人、主體與客體放在一起加以考察，反映出當時人們的思維特點是求統一的整體思維方式。在這統一的聯繫中，《易》「與天相似，故不違，知周中萬物而道濟天下，故不過。旁行而不流，樂天知命，故不憂。安土敦乎仁，故能愛」。（《繫辭上傳》）

這樣「不違」、「不過」、「不流」、「不憂」、「能愛」的天人和諧一致的境界，是《易》所追求的。正因為強調天人的統一強調天人和諧，所以，反對過與不及。這一思維方式的積極意義，從政治上說有利於社會的穩定和發展。因為社會發展需要穩定。社會穩定是相對的，穩定是發展過程中的穩定，「生生之謂易」，社會總是不斷向前發展。

「天人合一」的整體思維模式還對中國古代醫學、天文、地理等學科發展有很大影響。中醫學受《易》學普遍聯繫求同一思想的影響，特別注重人和周圍環境的有機聯繫，人的身體和精神的有機聯繫，人身體各個部分之間的有機聯繫，各種醫療方法之間的有機聯繫。並用陰陽的平衡和諧作為判明病因的依據，特別是用「氣」來說明事物之間的普遍聯繫和有機統一。

聯繫的觀點是中醫學的最重要思想原則和方法論原則。當然，也要看到「天人合一」思想在漢代與迷信思想結合起來，發展成一種「天人感應」的神學目的論和讖緯文化。

漢《易緯》用牽強比附、生硬割裂、胡亂聯繫的手法，企圖把所有的自然現象和社會現象納入統一的象數模式中。片面地、孤立地、主觀地對《易經》進行神秘化解釋，從而把《易經》「天人合一」思想變成「天不變，道也不變」、「天人感應」之類的唯心論哲學命題。

中和化一：整體思維的宗旨

《周易》在論述陰陽對立統一的基礎上，提出了陰陽和諧的整體觀念，強調陰陽當位，執「中」而協同，以保持事物的平衡與穩定。

我們知道，六十四卦是六畫卦，一卦六爻，各爻都有其意義。那麼，怎樣確定每卦的意義？爻象與卦象有何關係？卦象爻辭如何斷定吉凶？這些問題都與六爻的位次有關，即與爻位得失有關。結合卦象，分析爻位，以觀陰陽對立統一關係，是《易》象數的奧秘。

《易》學規定：一卦六爻之中，奇為陽，偶為陰，即初、三、五為陽位，二、四、上為陰位。陽爻居陽位為當位，陽爻居陰位為失位，同樣，陰爻居陰位為當位，陰爻居陽位為失位。我們從既卦可以看出陽爻、陰爻皆當位，如下圖：

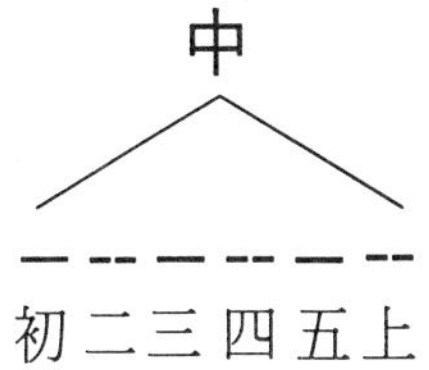

初、三、五皆為陽爻，得位

二、四、上皆為陰爻，得位

在上圖中，二為貞之中，五為悔之中。如果陽爻在五，陰爻在二，稱為陰陽二五得位，這種情形叫「中」；如果二為陰爻，五為陽爻，即二五陰陽相應，這種情形叫「和」，陰陽既當位又相應，叫做中和。上圖的既卦就是既當位又相應，是典型的中和。《易經》分析卦象，當位不當位、相應不相應是兩條重要依據。

中和是《易經》及易學家們進行爻位分析、斷定吉凶的準則，歷來被世人推崇為最和諧、最圓滿、無矛盾、無缺陷的理想狀態。孔子提出的「執兩用中」、「和為貴」等儒學傳統觀念乃是《周易》中和觀念的發揚光大。當然，用卦象是否中和分析世界萬物，特別是分析複雜的社會問題，未免失之偏頗。神秘的象數機巧，很難揭示自然和社會發展變化的真實圖景。

《周易》六十四卦的每一爻在卦象中所處的地位及其同其他各爻的關係，有三種情況：一是當位與失位，中與失中；二是相應與無應，和與不和；三是相承與不相承，順與逆。這些構成爻位關係網絡。

根據不同爻位關係的分析，可得出或吉或凶的結論。例如臨卦☷，由澤地二體構成，地下有澤便是臨，下二陽上四陰。初九，咸臨，貞吉」。意思是說，臨之初九處在陽長之時，得位居正，並與得位居正的六四相應，所以「貞吉」。初九與六四是陰陽相感的關係，初九是以德感六四，不是以勢逼六四，是感臨，故得貞吉是必然的。臨卦六五的爻辭是「知臨，大君之宜，吉」。爻六五表明以柔居中，下應九二剛中之賢，任之以臨下，如此善取天下之能，善任天下之聰明，正是人君所宜有之知。以此知臨天下國家，豈有不吉之理。這裡的大君之宜指君子以眾知為已知，善聽取臣下意見，吸取眾人智慧，這樣才能管理好國家。君子這一作法稱為「行中」，行事得中，不剛不柔，既不寬縱廢事，又不苛嚴理事，寬嚴適度，中和當應，故「臨，元亨利貞」。

《易傳》認為，既不中，又不應，背離和中狀態，是最危險的卦象。如睽卦䷥，兌下離上。離為火，火焰向上；兌為澤，澤潤向下，一個在上且向上，一個在下且向下，有兩體背離之象。又因離為中女，兌為少女，二女雖同位一起，但畢竟要嫁到不同的人家，也呈相違之象。從卦象看，九二六五，陰陽皆不得位，但二五相應，君陰臣陽，君而應臣，故小事吉。這是說，處在睽的時候，事情已經睽乖離散，故不應以憤嫉之心勉強合睽，而是要採取貴中溫和的辦法，周旋委曲，慢慢解決問題，才能擺脫危險狀態。

陰陽是否中和，實際上是陰陽是否和諧協調。和諧協調既是生命之原理，又是事物穩定性的可靠保證。乾卦明確表明了這一觀點。

《彖傳・乾》說：「乾道變化，各正性命，保合太和，乃『利貞』。」「太和」是什麼？所謂「太和」，就是陰陽矛盾雙方處於均衡、和諧、統一的狀態。乾卦取象是天，乾道變化即天道變化。這種變化使得萬物獲得生命和屬性，也就是「萬物資始」、「品物流行」。萬物各不相同，但能彼此協調，和諧相處，這叫「各正性命」。千差萬別的事物如果各正性命，並認識到它們的統一性和和諧性，就會「保合太和」。「太和」是氣，是天地氤氳之氣，陰陽會合之氣，萬物依此氣以生以成，存而分之。

陰陽之「太和」是天地大化流行之根本。陰陽矛盾只有達到和諧統一，事物才能得到穩定的發展。這是《周易》演易之宗旨。這一宗旨也體現在《周易》的思維方式中。強調以柔濟剛，以剛克柔，堅持不走極端，奉「中和」之道為常道，遵「中正」之行為常行，執「中」而協同，中和而致一，這就是《周易》整體思維的根本宗旨。

整體綜合：整體思維的定勢

《周易》自問世以來，研究者代代不絕，注《易》、闡《易》、解《易》、說《易》之作不下三千部。儘管意見紛陳，但對《周易》主要的經典性表述的理解都有共識，自覺或不自覺地將它作為自己的觀念定勢和方法定勢，去把握宇宙整體運行的動態過程和內在機制。《周易》形成的整體思維定勢，決定了中國傳統哲學思維的主體實踐性特徵。從根本上看，中國哲學是關於人的學說，是關於人的存在和價值的學說。因此，它特別突出人的主體性。這就決定了它的最根本的思維方式，必然是以人為中心的主體思維。

《周易》在西周時期就提出天道、人道、地道三道和諧問題，之後發展成天人合一、天人感應、天人一氣、天理良知、天理人欲等學說。這樣的主體性思維是以人為中心而展開的。它在人和自然具有內在統一性的基礎上，面向自身，進行內在的自我體驗和自我反思，輔之以道德實踐，達到人生意義的真諦。

中國哲學為什麼始終圍繞天人關係來展開自己的思維？除了自然和社會環境因

素影響外，思維傳統也是一個重要原因。中國是一個大陸性國家，以農業為主的自然經濟使人與自然界形成一種特殊關係，由此孕育出一種強調自然界整體性及事物之間內在關係的有機自然觀。

我國古代氏族由圖騰崇拜中形成的神秘的集體表象，天人渾然一體的萬物有靈論，在《周易》理論體系中得到了充分的保留和發展，其思想影響深遠。由於缺乏近代自然科學的發展，人和自然界有機統一的傳統自然觀，在幾千年歷史中保持著主導地位。人們對自然的認識，始終處於直觀猜測和朦朧意識之中。

《周易》提出的整體論的初步圖式，奠定了我國傳統思維的基礎。整體思維圖式在後來的發展中更臻於完備，對整體思維模式的發展有貢獻的，當然要首推儒學。其中有三個階段：

(1)孔子發揚了天人和諧統一的思想，提出「扣其兩端用其中」、「過猶不及」的中庸觀。孔子罷魯相後，周遊中原諸國，廣泛接觸了老子、師襄等明於易學之人，回歸故里後，篤易學，編訂《周易》，冠為經。秦焚儒書，唯《易》不毀。至漢武帝罷黜百家，獨尊儒術後，《周易》成為儒生必讀典籍，並奉為群經之首。孔子雖保留天命信仰，但不言天命，重生不問死，極力使自然人化，創立了以倫理政治為重心的思想體系。為實現「仁」的理想，孔子提出「中庸」這一方法論原則。他說：「中庸之為德也，其至矣乎！民鮮久矣。」（《論語・雍也》）把中庸視為觀察和處理問題的原則和方法。中庸是把握了事情的兩端之後，選擇適「中」的辦法對待這一事。孔子認為，處理任何事情都有一個適度的問題，即要執中、用中，「過」與「不及」都有失偏頗，都會陷入片面性而導致謬誤。孔子的中庸思想與《周易》中的中和原則是一脈相承的。強調陰陽協調，追求天人合諧，突出穩定平衡，是這種思維方式的基本點。

這一思想對認識自然和社會發展規律、維護社會和諧穩定當然有一定意義。但是，一切對立都以統一、和諧為最終結果的觀點，則缺少批判否定精神，表現了傳統思維求穩防變特徵，成為一切守舊勢力的思想基礎。

(2)西漢思想家董仲舒（前一八〇—前一一五）以儒家為主導，以陰陽五行為框架，融道、法、名等各家，提出了更加系統、更加完備的整體模式。這就是「奉天」、「法天」的天人感應神學目的論宇宙觀。天人關係是董仲舒著重論述的中心問題。他認為「天」通過陰陽、四時、五行之氣的變化，對自然和社會起主宰作用。宇宙萬物包括人類都是由「天」通過陰陽、四時、五行之氣與五方（東南西北中）相配，有目的地產生出來的。人本於天，受命於天，因而要服從於天。他承認一切事物都是由陰陽雙方構成的統一體，陰陽矛盾雙方必有一方居主導地位。「陽尊陰卑」，陽主陰次，這是永恆的「天之制」。由此，得出「道之大原出於天，天不變，道亦不變」的形而上學命題。

董仲舒在天人感應的神學目的論基礎上，將自然觀、道德觀、人生觀、歷史觀等各種觀點貫串成一個系統的整體意識形態，以適應當時漢武帝「大一統」時期的歷史需要。董仲舒的天人整體觀念對後人有很大影響。

(3)宋明理學從形式上否定了「天命論」，自覺地注意世界本原的探討，把「理氣」、「心物」作為思維與存在關係問題來研究，進一步發展和完善了中國古代對立統一思想。宋明理學是恢復儒家傳統的新儒學。南宋時期的理學家朱熹（一一三〇—一二〇〇）是新儒學集大成者。他運用「理氣」來說明自然現象和社會現象背後的本質及其相互關係，並把自然、社會、人生等方面統統融入其體系，建立起龐大的「理」—「氣」、「物」—「理」的哲學邏輯結構，並運用「理氣」學說更加完備地解釋天、地、人三者之間的關係，認為天、地、人「三才」既合為一，是極大的和諧，同時三者又有等級、尊卑之別。

朱熹從其哲學邏輯結構出發，通過太極—兩儀—四象—八卦……序列，說明一切自然現象和社會現象的聯繫與變化，以「陰陽」對立統一與奇偶數律，作為宇宙生成的基本規律。認為矛盾兩端對立統一，一分為二，由此推動事物的運動和變化。在朱熹哲學中，矛盾對立統一觀點貫徹始終、普遍聯繫、相互作用的整體思維特徵得到充分體現。他無愧為中國唯心哲學整體觀的集大成者。

透過對中國哲學史的分析研究，我們可以看出，在中華民族的精神文化和意識結構中，從整體出發的綜合觀佔據突出的主導地位。整體觀念經由儒家文化的弘揚，深入人心，滲透到民族文化和民族心理的各個領域。同西方文化結構以細節分析為主這一特徵相比，東方文化結構以整體綜合見長。

例如，中國人名姓氏先是宗姓、輩份，其次才是自己的名字，突出的是氏族整體。中國文字（漢語）是由象形文字發展而來的會意文字，具有書畫同源的整體特點。中國人寫文章習慣有頭有尾、層次分明、甲乙丙丁、起落有致，不可顛三倒四，注重整體結構的完整性。中國人畫畫，講究布局輪廓、風貌神韻，強調對渾厚雋永的意境加以直觀領悟。中國人的倫理道德更是突出整體觀念，仁義禮智信，三綱五常的倫理觀念明確規定個人要無條件服從國家、君主、家族的整體利益，不能突出個性，「紅杏出頭」，否則，就被視為大逆不道，眾必誅之。在行為活動中，以盡善盡美為宗旨，以忠孝節義為美德，以聖人完人為楷模，時時處處都要維護「大一統」的國家整體形象，以大自居，以全為榮，個性盡消融於「大一統」之中。

整體觀念在中國傳統思維中佔主導地位，從政治和倫理道德要求上看，是符合封建統治需要的。整體觀念及整體思維定勢正是順應著中國封建社會的政治經濟意識形態發展而逐步形成和完善起來的。中國封建社會是一個「大一統」的社會，它是由經濟結構、政治結構和意識形態結構這三個相互聯繫、相互影響的子系統組成。這三個子系統在結構功能上互補協調，相互作用，以適應社會不斷發展變化，形成一個超穩定系統。

儒家傳統思維方式的整體觀，無疑可以凝聚起整個封建意識形態，突出君王統治地位，兼容小農經濟生產方式，由此成為封建社會超穩定機制中的重要部分。所以，整體思維在中國比較發達，有其特殊的社會歷史條件和文化傳統，在中國社會發展中具有重要的政治意義和倫理意義。

從認識論角度來看，整體思維是人們認識世界和改造世界的重要方法，是指導人們實踐活動的重要方法論原則。整體思維是唯物辯證法的基本要求。當我們深思熟慮地考察自然界或人類歷史或我們自己的精神活動的時候，首先呈現在我們眼前的，是一幅由種種聯繫和相互作用無窮無盡地交織起來的畫面。

要理論地再現這幅畫面，自然要把事物、現象的普遍聯繫看作是科學世界觀和方法論的第一個特徵。唯物辯證法堅持普遍聯繫的觀點，把世界看作相互聯繫的統一整體，就必然要求用整體性的觀點觀察事物。否認事物、現象間的普遍聯繫，孤立地、片面地觀察問題，是形而上學的基本特徵，形而上學的思想和方法是與唯物辯證法根本對立的。

整體思維分析研究事物現象的多種多樣聯繫，如直接聯繫和間接聯繫，內部聯繫和外部聯繫，本質聯繫和非本質聯繫，必然聯繫和偶然聯繫等。而每一種聯繫都是整體不同方面的聯繫，有不同的地位和作用，不同聯繫又都是有機統一的，是一個不可分割的統一整體。

《周易》所體現的整體思維堅持普遍聯繫的整體觀點，基本上滿足唯物辯證法的思想原則。天人合一、中和化一、陰陽統一等整體觀都充滿了辯證法精神，是指導人們實踐活動的比較科學的思維方式和思維方法。

當然，我們要看到，《周易》整體思維原則被應用於封建政治觀和倫理觀時，具有保守性。這種思維方式適應了封建統治的政治需要，窒息了人們的批判精神和戰鬥意識。我們還要清醒地認識到《周易》中的整體思維是在自然科學和社會生活不發達的歷史條件中形成的，其思維形式還比較粗糙，思想內容還缺乏嚴密的科學論證，帶有原始樸素的性質。它與在現代文明條件下產生的唯物辯證的整體觀是不可相比的。

《周易》整體思維一個很大的侷限性就是模糊性。這種整體綜合觀在考察事物時，通常導致忽略細節和成分的條分縷析，往往提供的是關於對象的模糊整體圖景。在落後的農業生產方式中，樸素模糊認識對人們日常生活和生產活動需要來說，基本上可以滿足。「中庸」的思維模式使人們害怕走極端，驅使人們創造一種特定的含糊其辭的表達方式和具有無限涵容量的「高談闊論」。《周易》陰陽整體觀可用來解釋電、地震、磁、火藥等近乎一切現象，但又不能對一切現象作出本質意義的科學解釋。正由於這種微言大義、似是而非的樸素辯證觀，使得論述缺少明晰、準確的科學考察和論證，大都是憑日常經驗的直觀和感覺外推，這就難免在學術中牽強附鑿，籠而統之，無法擺脫思維的直觀性和模糊性。

第四章 《周易》的邏輯思維

概念是邏輯思維的起點，概念的產生標誌著思維獨立化行程的開始。人一旦把概念、範疇置於人與自然現象之網中間，人就從本能的野蠻人轉化到自覺的文明人。從而，開始了真正的邏輯思維的歷史，開始了文明人的發展歷史。《周易》是中華民族邏輯思維歷史的開端。

思維形式概念化

在《周易》體系中，邏輯抽象首先表現為思維形式概念化。《周易》抽象邏輯的基本方法，是通過抽象與概括、類比與推理、分析與綜合，把握對象世界的差別與同一、多樣性與統一性。從而找出對象世界變化發展的總體特徵和一般規律。

陰陽概念是易學形成的理論基礎，也是八卦思維的細胞。在《易經》卦爻辭中沒有陰陽二字，陰陽是在《易傳》中明確提出的。但沒有陰陽二字，並不是說《易經》就沒有陰陽觀念。概念是觀念形態，它既可以用文字表達，也可以用符號表達，還可以用人體語言等形式表達。陰陽這一概念在《易經》中是透過符號「—」、「--」表現出來的。人們創造出這兩個符號，就表示有了陰陽這一觀念。當人們運用這兩個符號組成卦爻錯落有致的卦畫，說明萬物生成變化的時候，其陰陽概念就十分明確清楚了。

陰陽概念是人們對客觀事物的抽象，其代表的意義具有廣泛的普遍性。早在商代，陰陽觀念就初步形成了。那時，生產已成為人類生存的主要方式，人們在生產過程中逐步形成了天文、氣象、曆法等方面的知識，殷商時代的甲骨文大量記載了這些知識，人們把晴天記為「陽日」，陰天是「不陽日」或「晦日」，以出日為陽，覆日為陰，向日為陽，背日為陰。在陰陽區分的基礎上，將陰陽屬性作了進一步推廣，以陽代表天、日、晝、暑、強、男、牡等事物的屬性，以陰代表地、月、夜、寒、柔、弱、女、牝等事物的屬性。並認為這兩種屬性可以產生兩種力量、兩種作用，相互對立，相互依存，消長變化。顯然，陰陽概念在這裡被賦予了抽象性，並用以表明事物的一般特徵。

《周易》的「⚊」、「⚋」符號，是對什麼的抽象，學者看法不一。郭沫若在《中國古代社會研究》中說，「⚊」、「⚋」象徵男女性器官，「八卦的根柢，我們很鮮明地可以看出是古代生殖器崇拜的孑遺。畫一以象男根，分而為二以象女陰，所以由此而演出男婦、父母、陰陽、剛柔、天地的觀念。」有學者認為，八卦是古人對於數有了奇偶分類觀念的基礎建立起來的，是古人在數理方面的一種抽象實錄。「筮字從竹。竹棍有兩種：一種是一節。用來象徵陽性，「⚊」像一節竹之形；一種是兩節，用來象徵陰性，「⚋」像兩節竹之形，這和奇數為陽、偶數為陽的概念分不開的。三個竹棍擺成一個經卦，六個竹棍擺成一個別卦，爻和象都是像竹棍之形。」（高亨《周易雜記》）

不管「⚊」、「⚋」卦畫是怎樣產生的，有一點可以肯定，這種符號是人們思維形式的抽象，是抽象思維的產物。沒有這種抽象，陰陽概念就確立不起來。用概念進行思維，是思維成熟的標誌，是理性思維的基礎。《周易》運用陰陽概念來分析萬事萬物的發展變化，標誌著中華民族理論思維進入了一個新階段。

陰陽概念在《周易》體系中，不僅揭示兩類不同事物的質的規定及其屬性，而且還揭示了陰陽對立統一關係，陰陽變成了關係範疇。它有兩種形式：一種是交感關係，一種是排斥關係。

例如，泰卦䷊，其卦象看起來是天地易位，地在天上。天代表陽氣，地代表陰氣，陽氣上升，陰氣下降，意味上下交通，陰陽相感，兩者相互吸引貫通。與此相反，否卦䷋，其卦象是天在地上，天地各處原位，按照陽氣上升，陰性下降的特性，卦象中的天地則出現隔絕、分離、相斥的趨勢，陰陽不能貫通。在六十四卦中，陰陽交感和相斥的情況很普遍。而根據卦象陰陽是否交感相斥來判斷一事吉凶，說明《周易》陰陽概念已經是一種思維形式。運用這種概念思維，可以把握事物的性質、特點和相互關係，從而達到對事物的理性把握。

「⚊」、「⚋」兩個符號組成八卦的基本卦象，已不是某一具體事物的物象，而是一切事物的共象，反映一切事物的本質屬性及其相互作用。《周易》中作為宇宙萬物本源的天、地、雷、風、水、火、山、澤八種物質，也不是指這八種具體物質，而是人們在長期實踐中，對自然界進行深入觀察比較得來的觀念概括。這種概括體現了從個別上升到一般，從具體上升到抽象。即從具體的、個別的山、水、火、雷、風等現象的觀察和實踐中，得出一般的、抽象的山、水、火、雷、風概念。並以之依次組合成六十四卦，象徵宇宙間的一切事物。

「變」是《周易》另一重要概念。世界萬物分陰分陽，世界萬物的變化也莫不起於一陰一陽。「一陰一陽之謂道」，這是普遍規律。陰陽變化是萬物變化之根源，一切事物的發展變化的本質是陰陽「生生」的過程。陰生陽，陽生陰，生生無窮，沒有止息。「生生之謂易」，易就是變易，是變化，是陰陽二氣永不停息的變易、變化。這一變化的道理稱為「易」，所以，西方人將《周易》就直接譯為《變化的道理》。

什麼是「變」？「一闔一辟謂之變」。就是說，陰陽如同一扇門，打開是陽，關上是陰，一開一關就是變。「剛柔相推而生變化」，剛柔就是卦中的陰爻和陽爻，奇數七、九為陽爻，偶數六、八為陰爻，陽即剛，陰即柔，任何數都有奇偶之分。陽爻九退至八，是陽變為陰，陰爻由六進至七，於是陰變陽，如此陰陽變化就是「剛柔相推」。古代人們從這一筮法變化中抽象出「變」的概念，以表示萬物變化之意。

六十四卦體現事物的各種變化。每一卦中的六爻具有更活潑的性格，更能體現事物的變化。一切卦的變化都起於爻變，陰爻變成陽爻，或陽爻變成陰爻，卦象就發生變化，一卦變成另一卦。各卦由爻變而互相轉化。例如，坤䷁第六爻變成陽爻，就成剝䷖，坤卦第一爻變為陽爻，即成復䷗。《易經》中大多數卦的第一爻和第六爻所繫的繫辭，往往包含著「變起於微」、「物極必反」的觀點，樸素地反映了漸變發展為突變的思想。

《序卦傳》對這一思想有具體說明：「泰者通也，物不可以終通，故受之以否」；「剝者剝也，物不可以終盡，剝窮上反下，故受之以復」；「物不可以終過，故受之以坎」；「遁者退也，物不可以終遁，故受之以大壯」；「物不可以終壯，故受之以晉」；「家道窮必乖，故受之以睽」；「艮者止也，物不可以終止，故受之以漸」；「渙者離也，物不可終離，故受之以節」；「物不可窮也，故受之以未濟。終焉」。這些卦序命題反映的是量變質變轉化的規律。

《周易》是在古代卜筮活動中產生的。古人以筮求卦，以卦斷吉凶，這一過程都是變化的過程。變使《周易》充滿神秘的色彩。《繫辭傳》把一到十分為奇五數（一、三、五、七、九）、偶五數（二、四、六、八、十），奇五數相加為二十五，偶五數相加為三十，奇偶數總和為五十五。這五十五個數通過「分二」、「掛一」、「揲四」、「歸奇」四個步驟，反覆進行三次，可得出或七或八或九或六四個數。

根據這個結果而畫爻組卦，從而可以設卦繫辭而卜吉凶。「乾之策，二百一十有六。坤之策，百四十有四。凡三百有六十，當期之日、二篇之策，萬有一千五百二十，當萬物之數也。是故四營而成易，十有八變而成卦。八卦而小成，引而伸之，觸類而長之，天下之能事畢矣。」（《繫辭傳》）乾坤兩卦代表天地，它們的策數相當於一年三百六十天這一數目。六十四卦代表萬物，所以它們的總策數相當於萬物之數。萬個策數可以極盡世界上萬事萬物及其無窮無盡的變化。

六十四卦共三百八十四個爻變，占卦時往往將前後兩兩卦聯繫起來。這樣，爻變就成幾何級數增加，而無窮在變化。無論如何變卦，都可以找到相應的答案。但變卦只有兩種前途、兩種結果，一是凶變，一是吉變。一般說來，引起陰陽交感的爻變，被看作是吉變；引起陰陽相斥的爻變，則被視為凶變。

《易經》認為，萬事萬物的發展變化是無始無終的循環，變化的動因歸根到底是「陰陽相感」，「剛柔相推，變在其中矣」。《易傳》所謂感、革、相感、相摩、相蕩、相推、生生、氤氳、相逮、不相悖、通氣等矛盾的對立與統一，即在說明此消彼長、相互轉化的原因。《周易》還認為，爻象和事物的變化，有其規律性，人事的吉凶也並非出於偶然。但爻象的變化並沒有固定的格式，爻象可上可下，可以有應，可以無應，有時居中位，有時不居中位，並非一個模式。所以，《繫辭傳》說：「易之為書也不可遠，為道也屢遷，變動不居，周流六虛，上下無常，剛柔相易，不可為典要，唯變所適。」

總之，卦爻變化既有法則或道，又不拘一格，人們事先難以預料其後果，這種性質稱之謂「神」。它表明事物的變化既有必然性，又存在著偶然性。

由上可見，「變」是《周易》概念思維的重要槓桿。人們藉助於「變」這一抽象的概念形式，了解卦象變化的各種形式、變化的特點和變化的一般規律。同時，人們又在卦象的千變萬化的感性認識中，把握變這一抽象概念，如果沒有「變」的概念。《易》就不成為《易》；不掌握「變」，也就無法理解《易經》宏富渾廣的理論。抓住「變」的概念，並用以去理解《周易》象數義理，這是學易的一個重要方法。

與「變」概念相聯繫的還有「時」的概念。「時」在《周易》中蘊含著豐富而深刻的內容。天地萬物都是在一定的時間內發生，並隨著時間的變化而變化。「天地盈虛，與時消息」，「凡益之道，與時偕行。」（《彖傳》）

無論在描繪整個日月星辰的宇宙運轉，還是說明萬物生長繁殖，「時」都是一個不可缺少的概念。《易傳》在說明占卦過程、解釋卦象和爻象、闡發卦辭與爻辭時，無不利用「時」的概念。「時」作為論述宇宙法則、說明自然現象的基本哲學範疇，與陰陽變通學說融為一體，構成全部易學的理論基礎。

關於時間的概念，古人早已形成，基本上是表示世界運動變化之秩序，「列星隨旋，日月遞昭，四時代御，陰陽大化，風雨博施，萬物各得其和以生，各得其養以成。」①「四時」概念生動地顯示出自然界各種現象和事物變化的次序。《周易》也採用「四時」概念，不過並不是時間的抽象延續性，而是外部世界永恆變化的過程。在這裡，「四時」概念把時間的順序流逝與萬物變易合而為一，表明時間的延續是陰陽、剛柔相長的過程。所以，在《周易》中，時間並不呈現為一條直線，而表現為由陰陽交替分合而形成的波狀起伏的曲線。四時交替就成了陰陽之道。

①荀子：《天論》。

「時」的觀念不僅反映了《周易》對自然界萬物生成變化過程的認識，而且也包含了人們在實踐活動中的行為準則。《彖傳》有很多關於因時而變，因時而行的思想。「應乎天而時行，是以元亨。」（《彖傳．大有》）「天下隨時，隨時之義大矣哉！」（《彖傳．隨》）「王公設險，以守其國，險之時用，大矣哉！」（《彖傳•坎》）「剛當位而應，與時行也。」（《彖傳•遁》）「損剛益柔有時，損益盈虛，與時偕行。」（《彖傳．損》）「時止則止，時行則行，動靜不失其時，其道光明」。（《彖傳．艮》）

這些論述都把「時中」作為人的行為準則。「識時務者為俊傑」，能夠因時而行、因時而變的人是聰明人。「時中」是事物最佳狀態，也是人的行為的美德。孔子的儒學特別推崇這一美德，孟子（約前三七二—前二八九）更是將「時中」作為理想的人格標準。後來也有人把「時」與「數」、「命」的概念相聯繫，宣揚社會的治亂、國家的興衰、個人的命運皆由「天定」。

《周易》經由觀察和實踐，把對世界萬事萬物的普遍聯繫和永恆運動的認識抽象為陰陽、變、時、幾、大德、神明、天命等具有極大普遍性的概念，並運用這些概念進行邏輯思維，從而在紛繁複雜的具體的認識對象中找出共同聯繫和共同特徵。這種從具體上升到抽象，從個別到把握一般的概念思維，有力地推動了中國古代理論思維的發展。

當然，我們應該看到《周易》中的概念思維形式還是比較原始的。就陰陽概念來說，還沒有擺脫具體物象的陰影，陰陽在《易經》中總是與一定的物質載體相聯繫的，還帶有某種直感整合思維的特點。

由於陰陽概念只是對自然界物質及屬性的抽象，因而作為世界萬事萬物（包括精神和物質現象）的運動變化發展規律的說明，難免有些牽強之感。例如在精神現象領域，用陰陽解釋就不易做到完滿無缺。

卦序推演邏輯化

《周易》中六十四卦排列的順序，被稱為卦序。通行本排列的順序是乾卦為首，次為坤卦，終於未濟卦。具體排列如下：乾、坤、屯、蒙、需、訟、師、比、小畜、履、泰、否、同人、大有、謙、豫、隨、蠱、臨、觀、噬嗑、賁、剝、復、無妄、大畜、頤、大過、坎、離、咸、恆、遁、大壯、晉、明夷、家人、睽、蹇、解、損、益、夬、姤、萃、升、困、井、革、鼎、震、艮、漸、歸妹、豐、旅、巽、兌、渙、節、中孚、小過、既濟、未濟。六十四卦這種排列，是《易》作者邏輯思維的結果，其邏輯思維體現在：

◘對立面的排列和組合

《周易》六十四卦首乾坤次，乾坤並列於卦序之首。乾坤即天地，把乾坤立於卦序之首，意味著，天地為先，有天地然後萬物生成，有了乾坤才有其他六十二卦。然而，乾坤是天在上，地在下，天是陽，地是陰，天是剛，地是柔，兩者乃為矛盾統一體。

《繫辭傳》說：「乾坤其易之門邪！乾，陽物也，坤，陰物也。陰陽合德，而剛柔有體，以體天地之撰，以通神明之德。」乾坤二卦在《易》中是一對矛盾。這一矛盾體現在整個六十四卦的體系之中。如同天地創生萬物，乾坤二卦也創生其他諸卦，其陰陽矛盾也在諸卦中體現出來。《周易》按照陰陽矛盾對立的觀點，對六十四卦進行排列組合，表現出深刻的辯證思維特徵。

從卦象上看，六十四卦具有互相作用、互相轉化的矛盾對立統一的性質。孔穎達在《正義・序卦疏》中說：「今驗六十四卦，二二相耦，非覆即變。」這正是指六十四卦互相矛盾轉化的意思。「二二相耦」，即每兩卦為一對，互相配合。這種配合有兩種形式：一是覆即二卦象顛倒，如屯䷂與蒙䷃，需䷄與訟䷅，兩卦象上下顛倒；一是變，即卦象六爻皆相反，如乾䷀與坤䷁，坎䷜與離䷝。非覆即變這兩種結合方式也叫反對方式，覆即為反對卦，一卦為另一卦的顛倒；變即為正對卦，兩卦相應各爻陰陽互異。

正對卦與反對卦都叫做對偶卦。除此劃分外，對偶卦還有奇偶之分。奇數對偶卦是說，一卦僅與另一卦為偶，而不與任何其他卦為偶，如乾與坤，坎與離。奇數對偶卦在六十四卦中共有八對：乾與坤、泰與否、隨與蠱、頤與大過、坎與離、漸與歸妹、中孚與小過、既濟與未濟。偶數對偶卦是指一卦與另一卦成反對卦，又與第三卦成正對卦，如：震與艮為反對卦，震與巽又成正對卦。這樣，偶數卦成對之數便增加一倍。

由於卦畫是由「⚊」、「⚋」對立兩畫卦構成，八卦裡面每兩卦正好卦畫相對，分成四個對立面。六十四卦是由八卦畫「因而重之」得到的，其矛盾對立面依然存在，六十四卦就有三十二個對立面。

所謂對立面組合的原則，也就是剛柔交錯的原則，剛柔交錯使卦形發生變化。在六十四卦中，有十八卦的上下體是由一陰卦一陽卦組成，而陰陽二體剛柔相易推演出其他卦畫，此謂「剛柔相推而生變化」即卦變。卦變就是依對立兩畫的交錯比應而邏輯地推出新卦來。

六十四卦每一卦上下體都存在著矛盾關係，有一部分卦，上下卦之間雖然沒有明顯的矛盾關係，但卦象同實際事物的關係是反常的，也構成一對矛盾。每卦都是一分為二，合二而一的圖象。同時，六十四卦中每二卦形成一對矛盾，共三十二對矛盾，這種矛盾關係叫做正反卦，如泰與否、損與益、既濟與未濟等。六十四卦大都是按正反卦的矛盾關係排列成體系的。正反卦連在一起，有正卦必有反卦，依這種邏輯來判定卦的吉凶休咎。古人占卦時經常採用雙卦占法，即連續算兩卦，以比較初卦與變卦（即前卦與後卦）的關係。目的也是為尋找兩卦中的矛盾關係，推斷可能會產生什麼結果。

總之，《周易》在演卦時，依照事物對立統一的邏輯，將矛盾法則貫串到易卦體系中，使相鄰兩卦卦畫不反則對。這種依對立面來排列組合卦序的思維是具有辯證法思想的理性邏輯思維。

從抽象到具體

《周易》六十四卦所反映的世界，是一個由天地合德化育而成的萬千世界。這個世界品類各殊，千差萬別，具體生動，豐富至極，但都是由乾坤、陰陽、剛柔這兩種力量在運動中「相摩」、「相蕩」，經過「雷霆」、「風雨」的「鼓之」、「潤之」而化育生成的。「易有太極，是生兩儀，兩儀生四象，四象生八卦，八卦定吉凶，吉凶生大業。」（《繫辭上傳》）說明易從太極開始，經陰陽兩儀到四象，然後八卦，六十四卦生成，直至萬事萬物出現。這一過程反映出《易》之思維是從抽象到具體，從一到多的邏輯思維。

孔子在《易傳》中，對乾坤合德生成六十四卦這一抽象到具體的思維進程有生動的說明。他認為六十四卦依乾、坤、屯、蒙、需、訟、師、比、小畜、履、泰、否至既濟、未濟的順序排列，是一個有規律的排列。後卦是前卦的邏輯延伸，是思維從抽象到具體的邏輯展開。

《序卦傳》將這一邏輯行程作了比較透徹的闡述：「有天地，然後萬物生焉，盈天地之間者唯萬物，故受之以屯。屯者盈也，屯者物之始生也。物生必蒙，故受之以蒙。蒙者蒙也，物之稚也，物稚不可不養也，故受之以需。需者飲食之道也，飲食必有訟，故受之以訟。訟必有眾起，故受之以師。……」六十四卦名排列均是以「必……故受之以……」句式出現。這種排列是把卦序推演看作是事物發展的必然過程。一卦結束，另一卦開始，前後有某種因果聯繫，卦名也表現這種內在的邏輯聯繫。從乾卦、坤卦至既濟、未濟，《周易》思想內容從一般抽象的必然本質推廣到更多的、具體的、無序的個別現象，認識也得到豐富和發展。在這一抽象到具體的邏輯推導中，《周易》構造了一個天地萬物化成論的宇宙模式。

《易傳》是對《易經》的解釋。《易傳》是根據《易經》卦象的象徵意義以意說卦，運用天地、陰陽、剛柔、君臣等概念解釋卦辭卦象，予卦象以象徵意義。這些抽象概念與神秘的卦象結合起來，成為人們推理的依據。《周易程氏傳》則根據這一特點，認為《易》及其六十四卦所代表的是道，是義理，是事物的所以然。卦象僅僅是表達意或義理的工具。

《程易》說：「有理而後有象，有象而後有數，《易》因象而明理，由象而知數。」把易象看作是理的推演，是聖人根據推理而創作的。《說卦傳》也是把《易》看作是聖人順其性命之理而作，「是以立天之道曰陰曰陽，立地之道曰柔曰剛，立人之道曰仁曰義」。由於天有天道，人有人道，地有地道，所以一本而萬殊，萬物皆由「道」生。卦象不管怎樣千變萬化，都是「太極」或易道的衍生。

《易傳》講「道」，圍繞這一範疇探尋客觀世界的發展規律。《繫辭傳》說：「形而上者謂之道，形而下者謂之器。」道是無形的東西，是抽象的東西，器是有形的、具體的東西。「道」與「器」的關係實質上是抽象規律與具體事物的關係，「無方無體」的「道」支配著具體器物的變化。同時，「道」也只有通過「有方有體」的具體器物才能顯現出來。「道」與「器」不可分割，「道外無器，器外無道，其本一也」。「道是客觀規律，是一陰一陽的對立統一，它體現在客觀世界的萬事萬物之中。

天道、人道、地道「三才之道」也無不是一陰一陽的對立統一。正是因為「三才之道」都是陰陽化生，所以，六十四卦能「明於天之道而察於民之故」。由「道」不僅能推斷宇宙萬物，而且也可能推演出世間複雜的道德人倫。

「有天地然後有萬物，有萬物然後有男女，有男女然後有夫婦，有夫婦然後有父子，有父子然後有君臣，有君臣然後有上下，有上下然後有禮義有所錯」。（《序卦傳》）立太極以統乾坤，以天地、陰陽、剛柔說明萬物化成及人倫建立，

「三才之道」歸轉於一。《周易》從抽象到具體，以道稱名取類，推論卦序，邏輯嚴密，充分表現了我國古代人民的聰明智慧，其邏輯思維水平精微深幽，是其他任何民族所望塵莫及的。

從邏輯思維形式看，從抽象到具體是思維把握認識對象的邏輯行程的一個階段。人們認識具體真理有兩條道路，在第一條道路上，完整的表象蒸發為抽象的規定；在第二條道路上，抽象的規定在思維行程中導致具體的再現。抽象的規定只是理性認識的開端，尚沒有全面地認識事物的本質。只有從第一條道路發展到第二條道路，從思維的抽象規定上升為思維的具體，才能從孤立的、個別的規定性的認識上升為認識許多規定的綜合和多樣性統一，達到具體真理。

這說明，從抽象到具體是一種認識本質的思維方式和方法，這一方法對人類思維來說具有普遍意義。從抽象上升到具體，必須嚴格遵循客觀的邏輯順序，上升的每一個步驟、階段都是逐步的，並與前一個步驟、階段有機地聯繫起來。

《周易》卦序從抽象到具體的推演與上面提到的抽象到具體的含義並不相同。但作為邏輯思維形式，它同樣是理性思維的表現，同歸納與演繹、分析與綜合等思維方法一樣，也是人的理性思維方法。

在《周易》卦序排列中，由陰陽太極到萬事萬物的衍生化成，當然不是從抽象概念到思維具體的上升過程。但它的確是從抽象的概念出發，而推演出世界萬事萬物的變化發展及其規律。從自然現象到社會現象，從天理到人事都與陰陽存在必然的聯繫。陰陽衍生萬物，萬物反映陰陽之道，涉及的是一般和個別、普遍和特殊、抽象和具體的關係，也就是人的理性思維的邏輯內容和具體形式。這對形成理論體系來說是必不可少的環節。

《周易》卦序邏輯推演所表現的矛盾對立統一原則和從抽象到具體的方法，都是陰陽學說的應用。陰陽觀念不僅影響《周易》和儒家理論的形式，而且也是道家理論的奠基石。道家的創始人老子，以陰陽為哲學範疇，解釋天地萬物的性質。《老子》第四十二章說：「道生一、一生二、二生三、三生萬物。萬物負陰而抱陽，沖氣以為和。」道是陰陽之道，陰陽二氣相交即生萬物。道家老莊學派和黃老學派都以陰陽範疇說明萬物的性質及其變化過程。道家關於宇宙形成的理論同《周易》並列為中國哲學史上宇宙形成理論的兩大系統，其理論都是由「道」之陰陽而邏輯地推導出來的，具有較濃的理性思辨色彩。

因果聯繫條理化

在《周易》邏輯思維中，因果聯繫是闡發思想內容的主要手段。它將象數同卦爻辭結合起來，以辭解象，力圖說明卦爻象同卦爻辭之間存在著某種必然的因果聯繫。用思維的邏輯性聯繫取代客觀聯繫，把偶然聯繫看作是必然的因果關係，這是《周易》思維的一個特點。

處在普遍聯繫、相互制約中的任何一種現象，必然是由另外一種或一些現象所引起，它又必然引起另外一種或一些現象。引起某種現象的現象就是原因，被某種現象所引起的現象就是結果。這種引起和被引起的關係，就是事物的因果聯繫。將這種因果聯繫抽象出來，就形成因果觀念。因果觀念是人類一切自覺活動必不可少的邏輯條件。在思維活動中運用因果關係考察、認識複雜的客觀事物，就能把握事物的內在聯繫，使認識條理化、規範化。

哲學史表明，原因和結果是人類一切認識和實踐活動中，首先遇到的一對範疇。因為人類認識自然、改造自然，首先就要把握人與自然的關係，即自然現象對人類活動的影響和人類對自然作用的結果。這樣，因果關係便成為人們思維的首要對象。人類早期的圖騰思維、巫術思維、神話思維都是以揭示因果聯繫為特徵的。

原始人的思維活動有兩個領域，即經驗與非經驗領域。在經驗領域裡，他們完全按經驗行事，按習慣思維。在非經驗領域，他們遇到的是不了解的新奇事物，大量的不可知的東西使他們感到難於理解，便藉助巫術。通過對現實的過程和對象的模仿，使現實本身按照所希望的意圖受到影響，從而把握非經驗領域中的偶然性和不可知因素。

巫術的模仿行為要尋找現實與行為結果之間的因果聯繫，古代的占卜則明顯是尋找客體之間某種因果必然性。神話思維尋求世界起源和眾神誕生問題的答案，而因果聯繫正是它賴以存在的基礎。總之，人類早期思維的各種形式，都或多或少地運用因果概念來說明客觀世界之間的普遍聯繫。

《周易》雖然不是原始思維的產物，但仍帶有樸素直觀性質，其邏輯思維是簡單運用表面化、形式化的因果觀念，把各種自然現象和社會現象貫穿起來，以求規律性說明。《周易》將因果聯繫納入邏輯思維，一方面強化了理論的普遍意義，把事物間的偶然聯繫看作是必然的因果關係，萬事萬物都服從一種必然性。而作為必然性反映的理論當然也就具有普遍適用性；另一方面增添了理論的神秘性，因果聯繫絕對化就是一種神學目的論。事物一經產生就注定如此，可以預示它們任何變化發展，萬事萬物，概莫能外。這種必然性無疑是一種神秘的力量。《周易》的因果觀在筮卦取象、觀象繫辭、說易解易中都有體現。

首先，筮與卦存在著因果聯繫。與其他典籍不同，《周易》是用筮與卦即數與象表達思想。數與象是抽象的，它能適應一切情形。當具體的偶然的卜筮現象用卦象表示出來後，偶然的東西就變成了必然的東西。

在古代，卜筮活動是由專門人員進行的，這種數字計算活動目的是為了明狐疑之事，使民信時日，敬鬼神，定猶與。筮是用蓍草進行數字計算，通過「分二」、「掛一」、「揲四」、「歸奇」四個步驟，從天地之數五十五中求出七、八、九、六四個數中任何一個數。七、九是奇數，代表陽符號「—」，八、六是偶數，代表陰符號「--」。經過四蓍三易得出一爻，一卦六爻，需進行四營十八變方可求得一卦。筮是數，卦是畫，兩者能夠聯繫起來，其奧妙就在於陰陽上。卦有陰爻陽爻，數有陰數陽數，陰陽是它們的共性。不管數目多大，都能從中得出陰陽來，偶然的筮法必然得出陰陽結果，由筮總能求出卦來。這種偶然與必然的因果聯繫是固定不變的。

《繫辭傳》說：「蓍之德圓而神，卦之德方以知。」筮由於得出陰爻陽爻不確定，因而稱為「圓」。同時，筮得的六個爻是陰是陽，如何交錯，形成六十四卦中哪一卦，這是人事先不能決定的。筮得出一個什麼樣的結果，是由一種看不見的力量支配著，這就是神。神是不為人左右卻能決定人的命運的超自然的東西。實際上，這裡的神不過是通過偶然性表現出來的事物變化的必然性趨勢。筮得出什麼卦來，全是由陰陽不測造成的。「陰陽不測之謂神」是最好的解釋。陰陽不定，使得無論怎樣筮，都會得出相應的卦。有筮就有卦，卦象是筮的必然結果。

其次，卦名、卦辭依卦象而定。「觀象繫辭」，兩者存在著因果聯繫。卦象、爻象是用文字表達的。文字是隨意稱名取類，還是依畫而斷？「聖人設卦觀象繫辭，而明吉凶」。繫辭是觀象的結果，有什麼象就繫什麼辭，不能隨心所欲地取卦名、配象辭。例如鼎䷱、巽下離上，鼎卦之所以名鼎，既取其象也取其義。取其象，是從卦形看很像一種器。最下一爻是陰爻，像器之足；二、三、四三爻是陽爻，陽為實，中實而容物，像器之腹；上二爻，一像器之耳，一像器之鉉。器而有足有腹有耳有鉉，正是鼎之象。從上下二體，上體中虛，下體有足承之，也是鼎之象。取其義，則巽下離上，木入於火，有燃燒而假之以器，故有烹飪之義。有烹飪之義，便是鼎。

根據卦象，配寫卦辭、爻辭，卦辭用盡可能簡練的語言概括一卦的卦義。卦是代表一個時代的，卦辭則反映這一時代的總特點。爻代表一個時代之中一個發展階段，爻辭反映這一發展階段的特點。卦辭反映一卦之象，是靜態的，故取一外象即可。爻辭也反映象，但是反映動態的象，故一卦六爻往往取多個象。即便六爻取同一象，這一象也必須能反映動態。

鼎卦的卦辭是「元吉亨」，解釋是：「彖曰，鼎，象也。以木巽火，烹飪也。聖人亨，以享上帝，而大亨以養聖賢。巽而耳目聰明，柔進而上行，得中而應乎剛，是以元亨。」享帝養賢兩句指明卦義所在。鼎的功用是烹飪，烹飪的意義在於享神和養人，享神養人最重要的是享上帝和養賢。鼎卦所以能致元亨，因為其下體是巽，巽有順義；上體是離，離有明義，剛而中虛且在上，有目明之象。六五是柔爻，柔本應居下，而今進而上行至尊位，居尊處中，下與九二剛陽正應。這樣，下巽順於理，卑巽下賢，上離聰明睿智，柔而應剛，得乎中道，是以可致元亨。

鼎卦六爻皆有爻辭：「初六，鼎顛趾，利出否。得妾以其子，無咎；九二，鼎有實，我仇有疾，不我能即，吉；九三，鼎耳革，其行塞。雉膏不食。方雨，虧悔，終吉；九四，鼎折足，覆公餗，其形渥，凶；六五，鼎黃耳，金鉉，利貞；上九；鼎玉鉉，大吉，無不利。」以上六爻的爻辭莫不與鼎之相應部位的功用有關，卦辭六爻合起來正是一個完整的鼎的形象。

第三，吉凶是爻象的結果。明吉凶雖是靠象、爻辭來實現，但吉凶的成因卻是爻象所決定的。「爻象動乎內，吉凶見乎外、功業見乎變，聖人之情見乎辭。」（《繫辭傳》）爻象動於內則吉凶現於外，如影隨形，如響應聲。爻象是吉凶的本原，吉凶是爻象的結果，吉凶與爻象之間有著密切的因果聯繫。所以，欲知吉凶，須先看爻象。

看爻象主要是看各爻在全卦結構中所居的地位及其性質。爻位分貴賤、剛柔、陰陽，分天道、人道、地道。爻處什麼位置就決定了所占之事的高低貴賤，吉凶順逆之性質。看爻象還要看各爻變動情況。「吉凶悔吝者，生乎動者也」。「剛柔雜居而吉凶可見矣。變支以利言，吉凶以情遷。是故，爱惡相攻而吉凶生，遠近相取而悔吝生，情偽相感而利害生」。這說明吉凶、悔吝、利害之引起是各爻變動不居的結果。各爻變動是人的主觀能動性作用所致。

爻象關係變動主要是比、應、承、乘四種類型關係的變動。按規定，二爻相鄰者為比，內外卦（上下卦）相對應的爻為應，一爻位於他爻之下為乘，一爻位於他爻之上為承。柔承剛為順，剛承柔為逆，陰陽各當其位為得位，否則為失位。「故觀變動者，存乎應；察安危者，存乎位；辨順逆者，存乎承乘；明出處者，存乎外內；遠近始終，各存其會，避險尚遠，趨時貴近，比復好先，乾壯首惡，明夷務暗，豐尚光大。」①這段話將八卦斷吉凶原理作了簡要概括，闡明了吉凶與爻象之間的因果聯繫。

第四，八卦占筮由象解義，由因到果，推事析理，見微知著，從客觀條件判斷事情發展的趨勢。八卦預測占筮並不是毫無根據的臆斷，而是有嚴謹的邏輯推理。由因及果，觀象析義，每一推理都是因象明理，合乎邏輯。

例如，「坤，初六」說：「履霜，堅冰至」。字面意思是剛踏秋霜的時候，可以預見到寒冷堅冰的冬天即將來到。由秋霜推出冬冰，依據是初六這一爻象。初六

①王弼：《易略例・明卦適變通爻》。

為陰爻，是全卦的開始，往上五卦全是陰爻。初六正是陰氣滋生的起點，爻位往上，天氣將越來越冷。卦象表明「履霜」與「堅冰至」兩者之間存在著必然的邏輯聯繫，由微知著，由原因可推斷出結果。這種邏輯聯繫實際上是人們實踐中無數次經驗的總結概括，是客觀的因果關係在人們頭腦中的反映。

又如，「睽，六三」說：「見輿曳之牽，其牛掣，其人天且劓，無初有終。」六三與上九正應，有與上九相合之志，但前有九四牛掣之阻，後有九二輿曳之牽，受到嚴重的阻礙。六三雖是陰爻，但處剛位，處剛而志行，它要強力前進，結果就受到「天且劓」的懲罰。所以，六三爻表明人不能違背客觀規律而反其道而行之。否則，失敗無疑。這是由行為過程推測結果，其中因果性十分明顯。

《周易》卦爻辭有許多是用自然現象的因果必然聯繫來比附人事的。如小畜卦「密雲不雨，自我西郊」，陰雲密佈而雨不降，原因是由於正吹西風。用這一現象來說明人事競爭是激烈的、艱苦的。小畜卦是一陰爻五陽爻，六四一陰爻要止住其餘五陽爻，不會一蹴可幾，需要一個艱苦奮鬥的過程。六四畜止下卦之三陽爻奮鬥結果未見分曉，陰畜陰的任務沒有完成，猶如「密雲不雨」。「自我西郊，施未行也」，六四在畜止陽爻的競爭中，並沒有充分發揮作用。正如吹西方使密雲不雨，六四作用尚未施展是陽剛未被畜止的主要原因。

第五，《周易》把自然與社會、天與人、主體與客體放在一起考察，試圖從天人關係找出因果規律性的聯繫，是「天人合一」、「天人感應」神秘因果觀念的萌芽。《周易》六十四卦三百八十四爻，每一卦自初到上，有始有終，反映客觀事物發展的過程與階段。卦爻既反映自然界的發展變化及規律，也反映人類社會的發展變化及規律，自然規律與社會規律是一致的。但自然規律被認為是社會規律的根據，社會規律是從自然規律推導出來的。天人合一，但天是人的根據，從天道導出人道，講天道目的是講人道。

《周易》卦爻的初始目的是為人設計特定時空條件下的最佳行動方案，告誡人們要依「道」而行，指示人的行動方向。「一陰一陽謂之道。繼之者善也，成之者性也。仁者見之謂之仁，知者見之謂之知，百姓日用而不知，故君子之道鮮矣。」（《繫辭傳》）道在《易》中只有一個，它存在於天地萬事萬物之間，無處不在，無所不包，問題在於人們對它的認識有差別。有人能認識，有人則不知，有的則知之不全面，至於尋常百姓，雖天天與「道」接觸，但卻不知「道」為何物。正因如此，《易》力圖使道能統一天下人的思想，成就天下人的事業，解決天下人的問題。《易傳》在解釋卦象義理的時候，總是將天道與人道統一起來，前句講自然現象，後句則講人事教訓。

例如，解釋師卦的象辭是：「地中有水、師、君子以容民畜眾。」師，坎下坤上即地中有水，是聚眾之象。君子應當懂得容民畜眾的道理。古代兵農合一，容民畜眾是講軍事方面的內容，如果興師動眾，會殃及天下。但是師以順動，打仗是為民眾解除暴虐苦難，即為民眾歡迎。又如解履象時說「上天下澤，履，君子以辨上下，定民志」。類似解釋很多，都是以自然現象比附人事活動，用自然規律說明社會現象。認為社會行為都可以在自然界中找到根據，人在社會生活中應遵守的規則同自然規則是一致的。立「天」之道曰陰曰陽，立「人」之道曰仁曰義，仁義乃是陰陽合德，本質上都是自然規律的反映。正因如此，人們才可以依《易》明事故，通憂患，預測未來事變，指導人們的行動。

由上可見，《周易》邏輯思維中，因果聯繫是一重要環節。卦辭與卦象、爻辭與爻象存在著必然的邏輯聯繫。歷代易學家都是根據這種認識，努力尋求卦爻象和卦爻辭間的內在因果邏輯聯繫。或者透過對卦象的各種解釋，或者透過對卦爻辭的注釋，將兩者用因果系列貫串起來，以證明《周易》是神聖的典籍，具有完整奧妙的思想體系，是彰往察來，預先測後的聖人之書。

事實上，《周易》雖是周人占筮典籍，但此書編纂卻頗費心機，既有前後一貫的深刻思想，又有統括全書的邏輯藝術。

從乾卦到未濟卦乃是一嚴密的因果系列，後卦依賴於前卦，前後兩卦或相因，或相反，卦名義理均體現出因果聯繫。乾坤屯蒙訟師比，天地萬物男女夫婦父子君臣上下禮義的因果序列，是自然界和人類社會發展因果必然性的真實寫照，也是人類思維必須遵循的邏輯。按照這一邏輯，人們的思維整合才能概念明晰，條理清楚，理論的概括性、預先性等功能才可以充分體現出來。

據象歸類程式化

人類認識是一個由不知到知，由低級到高級，由簡單到複雜，由個別到一般，由現象到本質的逐漸化過程。要做到從不知到知，由個別上升到一般，從現象的認識到本質的認識，需要運用歸納方法，對紛繁雜亂的具體感性認識進行歸類整理，找出彼此之間的同一性和差異性。在此基礎上去粗取精，去偽存真，由表及裡，由此及彼地改造製作，這樣才可能獲得規律性認識。《周易》卦象並不是神秘的東西，六十四卦是古人在實踐中形成的關於客觀事物的認識。這種認識經過分類歸納、邏輯抽象、深刻反思而變得系統化、規範化、程式化。六十四卦反映著六十四類不同的事物或現象。這就是說，世界萬事萬物可歸類於六十四卦序列，由六十四卦可推導出萬事萬物，此乃謂《周易》生大業，八卦定乾坤，易與天地準，陰陽變化生。

「方以類聚，物以群分」

八卦要說明天地萬事萬物，首先要對萬事萬物進行歸納分類。歸納是從許多個別或特殊的事物中找出同類，並概括出一般性知識的思維方法。這一方法在《周易》中具體表現為「據象歸類」，即根據八卦代表的八類象進行歸類，主要是依據事物靜態性、功能特性、動態屬性確定事物類別和相互關係。

《周易》把宇宙中複雜紛紜的事物及其現象，按照其性質劃分為八大類，這就是天地雷風水火山澤八種基本卦象。表面看起來這是八種不同的自然現象，實際上八卦主要意義是給世界上萬事萬物劃定八種性質。世上一切事物都可以包括在這八種性質之中，不屬於這一種性質，就屬於那一種性質，沒有超出這八種性質之外的事物。《說卦傳》就八卦各自性質作了解釋：「乾，健也。坤，止也。兌，說也。」這八種性質可以指代很多實物。

八卦取象的實物並沒有明確規定，實物變化不定，可以是自然物，也可以是社會現象，還可以是人生態度。它們外部形狀雖不相同，但只要能反映同一性質，就可以歸納為同一象或同類。由於八卦取象靈活多變，因地制宜，所以八卦象能比附許多事物及性質。如果八卦重疊為六十四卦，其取象範圍則無所不包，天地萬物，概莫能外。根據《說卦傳》取象傳說，八卦取象範圍可列表如一二一頁：

表二歸納分類是以八卦象為基礎，按「物以類聚，人以群分」的原則，把與卦象相應、相同、相感、相似的事物劃歸一類。「同聲相應，同氣相求，水流濕、火就燥、雲從龍、風從虎。聖人作而萬物睹，本乎天者驗上，本乎地者親下，各從其類也。」（《易傳》）各從其類在八卦中是據象歸類。例如，震類系列表示春天，震雷出現，萬物萌甦，東風吹拂，大地玄黃（青），鮮花絢麗（甫）。又如乾卦代表天，天在自然界中統攝萬物，居萬物之上，所以，與此同樣性質的事物就應為同類。父是一家之主，君為一國之王，首為一身之高位，都有最高性質，自然就屬於

表二

卦名	卦象	物象	性質	時令	方位	顏色	人	動物	自然物	關係	其他
震	☳	雷	動起	正春	東	玄黃	長男足	龍	蒼筤竹萑葦	萬物出乎震	敷大塗
巽	☴	風	入散	春末夏初	東南	白	長女股	雞	木繩	萬物絜齊	不果長高臭
離	☲	火	麗煊	正夏	南		中女目	鱉、蟹蚌、龜	日、電甲冑科上槁	萬物皆相見	戈兵
坤	☷	地	順柔藏	夏末秋初	西南	黑	母腹	牛	布、釜大輿柄	萬物致養	眾文
兌	☱	澤	說	正秋	西		少女口	羊	毀折	萬物所脫	巫妾
乾	☰	天	健、剛君、陽	秋末冬初	西北	大赤	父首	馬	冰、金玉木果	陰陽相薄	寒
坎	☵	水	陷潤	正冬	北	赤	中男耳	豬	溝瀆弓輪月	萬物皆歸	為堅多心
艮	☶	山	止	冬末春初	東北		少男手	狗	徑路、小石、門闕、果蓏、	萬物所終	閽寺指、為堅多節

乾卦系列。大地、母親、腹、釜均有孕育化成之功能，因而也屬同類。

將功能、性質、屬性相似、相應的事物歸類是《周易》歸納法的主要形式。當然，也按事物的外部形狀進行純粹形式上的分類，如按圓形而將天（古人認為天圓地方）、木瓜、玉石等外形相似的東西劃歸同類。從整體上看，按事物外部特徵進行分類的歸納法在《周易》中使用不多。

按象的性質歸類是《周易》思維方法的出發點。由此出發，《周易》應用矛盾兩極相互依存相互對立原理，將八卦兩兩配對，並歸納出它們各自表徵的屬性。如乾坤兩卦象，所有屬性均是對立統一，如表三：

表三

乾	天	尊	高	陽	動	剛	父	日	君	晝	暑	貴等
坤	地	卑	低	陰	靜	柔	母	月	臣	夜	寒	賤等

《周易》六十四卦三百八十四爻的「生生變化」，模擬出自然和社會各種物象，「通神明之德，類萬物之情」。卦象儘管千變萬化，但最終都歸於陰陽四象八

卦。按八卦歸納邏輯，就能把天地萬物按不同性質進行歸類。並能加以區別和認識，判斷他們在性質上的相同性和差異性，這是中華民族思維能力的一大飛躍。

卦象歸納程式化

八卦思維是靠卦象來進行的，卦象取象範圍是天地萬物。八卦卦象由於陰陽變化莫測而顯得豐富多采，天地萬物都可置於其中，人們的思維對象就是豐富多采的卦象。而怎樣認識卦象的本質意義，首先是要看爻位所處位置。爻位在卦象中只有六位（初、二、三、四、五、上），不管什麼事物或現象都只能在六個位置進行排列組合。六爻還分成天、地、人三種爻位和剛爻、柔爻或陽爻、陰爻兩類爻。這意味著卦象思維總是在陰陽的對立統一模式中進行。

位分陰陽，爻也分陰陽，同一性質的爻處在不同爻位上，性質也就發生了變化。爻位決定了某一物象的特徵和意義。分析卦象不能離開爻位和卦位的變化，八卦思維對客觀事物的歸納始終都是建立在卦位爻位的基礎之上。卦爻位性質決定了客觀事物的價值屬性。

《周易》六十四卦，每卦六爻都各有其象，各有其位。把爻象和爻位結合起來，然後解釋卦名、卦辭、爻辭，這是八卦思維的基本程序。而把世界萬物變成卦象，實際上是進行邏輯上的爻位歸納，將客觀事物用卦爻位進行表徵。經由爻位的比應承乘，事物的性質就顯現出來。爻位歸納是從個別、特殊、多樣的事物中求得一般，撇開客觀事物的差異性而找出共同性。但爻位有固定的性質，並具有等級、尊卑、貴賤、吉凶的區分。因為，對萬千事物的歸納，在爻位上只能表現出兩種可能性，即被賦予陰陽、剛柔性質。所以，這種爻位歸納萬變不離其宗，陰陽相推，非陰即陽，始終擺脫不了這一歸納邏輯的窠臼。

易卦推演占吉凶

《周易》用歸納法將萬事萬物納入卦象體系，使其呈現陰陽特性並居其爻位，然後根據卦象推斷吉凶，預測未來。推斷演繹是從已知推出未知，這種推斷是八卦思維的重要功能。八卦推斷占吉凶的依據是卦形。「一陰一陽之謂道」，卦象呈陰爻陽爻互相交錯之態，同性相斥，異性相感。

「天地感而萬物化生，聖人感人心而天下和平，觀其所感，而天地萬物之情可見矣。」（《彖傳》）天地感即陰陽交感，凡上下兩卦有交感性質的是吉卦，反之，凡不會引起交感的卦都是凶卦。例如革卦䷰，火在下澤在上。水火相剋，水滅火，火涸水，有變革之象，故卦名曰革。水之性向下火之性向上，上下卦相感，故「革，已日乃孚，元亨，利貞，悔亡」。事物過時了，才要變革，變革的目的是舊變新，窮變通，所以革之而可以元亨。但變革舊事物是極難的事情，必須遵循正道去做，倘若任意胡來，則一定失敗。能夠堅持正道去進行變革，縱使時間久，險阻多，最終也將成功，成功則悔亡。

凶卦的例子，如否䷋，天在上，地在下，天地隔絕，不相交感，完全是否之象。在否之時人道不通，正氣不伸，小人得志。

判斷吉凶還可以從爻位上看出來。爻位錯亂，陽爻居陰位，陰爻居陽位，都是凶之兆。如恆卦䷟，「初六，貞凶，無修利」。天下事都有日月積漸的過程，處在恆的時候，尤其應該注意這點。初六居恆之始，要作長久打算。但是初六以柔居剛，體巽而性躁，求勝心切，想要一鍬掘個井，故曰浚恆，欲速則不達，必凶。

八卦占吉凶是一種依卦推理的思維方式，推理作為從已知推出未知的邏輯認識，帶有預測的性質。預測只是一種可能性，還沒有變成現實。當然，這種預測也有必然性因素。我們用邏輯推理去推斷某一結論，如果有充分條件作為前提，那就必有某種結果，這是因果必然性。但有時只能得到「大概如此」的結局，是一種或然性的推理結論。

八卦推論大都是或然性判斷。所以，按卦算命，完全靠運氣。有些事可能按預測方向發展而條件沒有多大變化，此時，就能得到預期結果；有些則條件不斷變化，並沒有按預測方向發展。當然就測不準了。

事實上，《周易》卦爻辭都不把命題絕對化，卦象都只是性質相似，可以表同類性質的任何東西，故它只能在可能性中推測。而且，推測的結果也不只是或吉或凶的兩種可能，還有吝、厲、悔、咎等可能性。

《周易》不講非此即彼的絕對性，而強調變的辯證法，這是符合思維推理的基本要求的。它可以避免思維僵化和獨斷論，使人們更好地擴大認識範圍，從未知領域的必然性中解放出來，成功進行預測，不斷推進實踐縱深發展。

第五章　《周易》的情感直覺思維

中國傳統哲學特別重視人的問題，重視人們的情感因素，強調「天人合一」，確立了人的主體地位。在以人為中心的中國傳統思維方式中，主體的情感需要、評價和態度在思維中有著至關重要的作用。

以人為本的道德學說

《周易》作為中國傳統文化的經典著作，內涵十分豐富，對自然觀、歷史觀、認識論、人生論等都有許多論述。「《易》是寡過之書」，「《易》為君子謀，不為小人謀」，說明《易》的主題是論述人如何認識自然，如何把握時變，如何趨吉避凶。這無疑突出了人的主體能動性，強調了人的地位和作用。

《周易》六十四卦三百八十四爻全都是為人設計的，始終都講人的問題，人是該書的起點和終點。

《周易》論述人事是與天道聯繫在一起的。天、地、人「三才」之道是其最重要的概念，離開「三才」則無《易》可言。「是以立天之道曰陰曰陽，立地之道曰柔曰剛，立人之道曰仁曰義。兼三才而兩之，故易六畫而成卦。」（《說卦傳》）天、地、人既是構成客觀世界的實在內容，也是易卦形成的主要依據。因為，《周易》是一部論述天、地、人及其相互關係的典籍。其中，大部分內容是講人，講天講地的目的是為了講人。

這一點從卦象的爻位排列次序上就可以看出來。八卦是三畫卦。上爻代表天，中爻代表人，下爻代表地。六十四卦是六畫卦，初爻、四爻表地道，二爻、五爻表人道，三爻、上爻表天道。《周易》特別看重二、五爻位，「二五得中」。把人道放在中心位置。說明人在《易》中的突出地位，同天地相比較，更重視人事，重視人的主觀能動性的發揮。

自《周易》提出天人觀念以後，天人關係就成為中國古代思想家所研究的最重要的問題。先秦時期，儒家孔子繼承周代《易經》理論傳統，認為「唯天為大」、「知天命」，然後才能「從心所欲不逾矩」，這就涉及到天人問題。

孟子說：「盡其心者，知其性也。知其性，則知天矣。存其心，養其性，所以事天也。」提出了比較完整意義的「天人合一」思想。兩漢時期，「罷黜百家，獨尊儒術」，儒家經典統治了三、四百年，「天人合一」發展成「天人感應」，董仲舒曾指出：「天亦有喜怒之氣，哀樂之心，與人相副。以類合之，天人一也。」宋明理學繼承了儒家思想傳統，以「天人合一」為其所要論證的基本命題。他們強調天理人道的一致性。朱熹說：「天即人，人即天。人之始生，得之於天也。既生此人，則天又在人矣。」人的本性得之於天，天的本性又在於人性，天的本性又表現在人性上。所以「性即理」，人的本性即是天理。

程朱理學與陸王心學致思方向雖然不同，但都以闡明「天人合一」之理為己任。這表明，正是基於天人關係，並以天人關係為立足點，在思維方式上才表現為一種以人的主體性為基點的人本主義觀點。

這種人本主義實質上是一種「道德的人本主義」或者是一種「倫理關係中的人本主義」。它把人放在倫理關係之中來論證人的主體性問題，強調人的道德責任和義務。同時，又把人的道德性加之於「天」，使「天」成為道德理性的化身。視「君義臣忠」、「父慈子孝」、「仁義禮智信」等道德觀為「天理」的基本內容，給「天」賦予道德性，把道德實踐活動作為最根本的實踐活動。這種「道德的人本主義」在《周易》一書貫通全篇，是其精髓。

例如，《繫辭上傳》開篇就說：「天尊地卑，乾坤定矣。卑高以陳，貴賤位矣。動靜有常，剛柔斷矣。」這幾句話準確地將《周易》的基本思想和基本原理揭示了出來。「天尊地卑，乾坤定矣」正是《周易》的要害和關鍵。這一思想貫穿於《周易》六十四卦的始終，並且成為後世儒家思想的基點。君為臣綱、父為子綱、夫為妻綱、仁義禮智信等這些儒家理論均源自《周易》這一思想。

《周易》首卦是乾，坤卦放在乾卦的後面，這一取象顯然是為了表現乾尊坤卑。乾卦取天為象，乾六爻取龍為象，表現天龍獨立獨行、自強不息的性質及其至上地位。乾卦卦辭是「元亨利貞」，意思為健，表明「天」有規律地運轉，永不停息，什麼力量也不能改變它、阻止它。「元亨利貞」也指人事的仁義禮智四德，是崇高無比的德行。與乾相比，坤則是順乾承天，取象為地，卦辭是「坤，元亨利牝馬之貞。君子有攸往，先迷後得主，利西南得朋，東北喪朋，安貞吉」。坤取牝馬之象，說明坤對乾的從屬地位。因為牝馬要受牡馬的約束，順從牡馬的管轄，牡馬剛健自強，牝馬柔弱順從，坤卦的性質就是順。

坤卦辭明確表明坤以乾為尊為主為先，甘居乾後，團結同類卻不私結朋黨，全心全意為乾服務。坤卦六爻都是講坤如何順乾而動。坤初六「履霜堅冰至」，一開始就提防坤道滋長，告訴人們要防微杜漸，不能使坤道得勢。坤上六「龍戰於野，其血玄黃」，是說坤道發展到與乾道對戰的時候，是最可怕的局面，此時乾要同坤血戰，以避免天地混雜，乾坤顛倒之事發生。

乾坤兩卦討論的是「天人之道」的問題，實質上是講君子、聖人與平民百姓如何各守其道、各修其道的問題。乾道是「天行健，君子以自強不息」，坤道是「以厚德載物」，對天地來說，自強不息與厚德載物是自然本性，但對人來說，則非自然本性，需要通過「道」的修煉。只有通過道德修養才能「順天應人」，才能使人的言行符合天道，達到「天人合一」的最高境界。

《周易》不但為人設計了一套理想人格，而且還提出許多人格修養、完善人生的途徑和方法。「乾以易知，坤以簡能。易則易知，簡則易從。易知則有親，易從則有功。有親則可久，有功則可大。可久則賢人之德，可大則賢人之業。」（《繫辭傳》）乾卦德行是健，特點是易，坤卦德行是順，特點是簡，人掌握這兩方面的德行修養就可以成就自己的事業。而其途徑是要在事業進程中加強德行修養，修養德行要落實到成就事業上。乾坤兩卦的卦辭和爻辭講的就是人們如何踐行自強不息和厚德載物這兩種德行。

乾卦自初至上六爻是君子進行德行修養的過程。「初九，潛龍勿用」，是說君子須將自己的德修養完滿無缺，然後方可有所行動，有所作為。「勿用」是隱、遁之意，隱不是簡單的事情，一般人做不到，唯有有龍德的人能隱。隱是為了「不易乎世」，做到自己的意志、主張不為世俗所移易，不與之同流合污，潔身自好，行之若素。龍德在九二階段只是德已修成，有君德而無君位，還未到發揮作用之時。「九三，君子終日乾乾，夕惕若，厲無咎。」此時，君子還要不間斷地進德修業，始終保持奮發有為，不斷進取，在追求理想的道路上不斷前進。九三居下卦之上，但又在上卦之下，居上位「惕」而不驕，在下位「惕」而不憂，能上能下，不驕不憂，雖處危地，也可無咎，終日乾乾，自強不息。乾九五是「飛龍在天、利見大人。」既居君位，又有君德，到九五，其思想、意識和行為可與天時、日月、四時、鬼神合拍，既符合自然規律，也符合社會規律。

在上九階段，要求君子能夠做到得意知返、進而知退、存而知亡、得而知喪，能夠掌握進退存亡之規律，這也是君子自強不息的表現。

坤卦卦辭也是強調君子的道德修養問題，指出君子之修德不但要自強不息，孜孜以求，還要「厚德載物」，寬容大度，承天應人。當然，善惡務須分明，對善要順勢發展，對惡縱然纖介些微，也要防微杜漸，不能讓其發展。故君子小善莫不為，小惡莫不去。乾坤兩卦提示的修養方法是辯證的、具體的、全面的，既要自強不息，積極有為，又要謹慎從事，功成不居，既要剛健濟世，又需柔恭守靜，這樣才能達到天地合一，陰陽相濟，主客統一的至善至美的德行。

《易經》六十四卦，均是以天道附會人事，強調天道就是人道，順天還要應人，順應天時，也是符合人的意願的。

革卦說：「天地革而四時成。湯武革命，順乎天而應乎人。革之時，大矣哉！」湯武伐桀紂是順應人的革命之舉，既體現天意，又合乎民心。暴君違背民心，就是違背天意，討伐暴君，當然就是順天應人。

《周易》的天人關係大都是由人事活動來論述的，其內容涉及到歷史（需、訟、晉、明夷、屯、蒙、革、鼎）、國家制度（師、比、同人、大有、噬嗑、賁、井、困、隨、蠱）、倫理道德（小畜、履、豫、謙、咸、恆、損、益、升、萃、大畜、無妄）、婚姻家庭（漸、歸妹、家人、睽、蹇、解）、日常生活（頤、大過、旅、節、豐、渙）、人生修養（乾、坤、中孚、小過、既濟、未濟）、人事規律（復、臨、泰、否、大壯、夬、姤、遁、觀、剝）等各方面。

六十四卦是建立在人的實踐經驗基礎上的，是對人的感性實踐的概括總結。在天人關係問題上，人始終居於主導地位，認為「天道」或「自然」法則是由人的本質、人的本性體現出來的。認識了人之所以為人，也就認識了天之所以為天，自然之所以為自然。由於《周易》將人放在中心地位，因而其思想是以人為中心而展開，其思維方式就帶有濃鬱的人本主義色彩，情感因素滲透到認識活動之中，人的思維則表現為一種內在的自我體驗和自我反思。

至善至美的價值觀

《周易》強調以人為本的道德實踐，通過這種實踐以達到「天人合一」。「天人合一」是人所追求的至善至美的理想狀態。要達到這一理想，就要求人們在道德修養中以唯善唯美為價值取向，以實現「天道」為理想追求，以「知行合一」為修養原則，以「自強不息」為精神動力。天人合一的理想境界，並不是某種不可達到的「彼岸」之物，而是天人之間的和諧，情與理之間的交融，又是人對自我價值的體驗和實現。

因此，它是德與行的統一。德必見諸行動，行動中也當體現德。《周易》中的乾坤兩卦就是談德與行。君子自強不息是說君子應該不斷地修養自己的德行，完善自己的人格，以達到至善至美之境界。在這種修養踐履中不僅能完成理想人格，達到聖人境界，而且可以求得「真知」。強調在個人的篤行中體會「仁」，在道德實踐中「存心養性事天」以成聖人。

這意味著踐履只是對「天道」、「人道」的體驗過程。因此，它重視經驗知識而輕視理論玄思邏輯推導，是一種實踐型思維方式。

天地之道和人之道表現雖然不同，在天地則為陰陽剛柔，在人則為仁義，但天人是合一的，天人本來只有一個道，即「性命之理」。《繫辭傳》說：「一陰一陽之謂道，繼之者善也，成之者性也。」所謂「繼之」、「成之」就是要實現道，即通過人的道德修養實現道。這是一種善的行為，是仁義之性的體現。天道不在人性之外而在人的內在本性之中，因此，要實現天道，就要「盡心知性知天」。

這是內在的自我超越，不是向彼岸的超越，不能在自己的心性之外去求什麼天道。所以，盡心知性是一種「道」的體驗過程。

「天地之大德曰生」、「生生之謂易」、「生」是天德，乾坤合德而創生萬物，這就給「天」賦予了道德性。天之德是人之德的化身，兩者是一體兩面，是同一個東西。人進行道德實踐就是去體驗天之德性。

《周易》乾坤兩卦從總體上說明了人的道德實踐是一個剛健奮鬥、自強不息的過程。從初爻到上爻，反映出道德修養過程不同階段的特點，每一階段都有不同的標準和要求。例如卦乾，初九「潛龍勿用」。要求安靜以待，勿要有所行動；九三「君子終日乾乾，夕若惕厲無咎」，要求終日謹慎，朝夕戒惕；上九「亢龍有悔」，要注意剛健有度，不能在順利時得意忘形，而任意胡來，否則就會走向反面而導致悔吝咎凶的結果。君子自強不息，終生都在追求至善至美的人生境界。在這一道德實踐中不斷完善自我，以達到天人合一的道德理想。

《周易》對君子的道德實踐有很高的要求，基本的要求是要遵循「仁義禮智」四德。乾卦卦辭「元亨利貞」，按《文言傳》解釋就是講仁義禮智。這四德是君子人格的基本規定，是君子道德實踐所要達到的基本要求。「君子以成德為行」，君子的一言一行、一舉一動都要按德而行，君子成德要表現在實際行動中。《周易》

重視德行修養，又主張「崇德而廣業」，把養德行與成就事業統一起來，在成就事業的過程中修養德行，修養德行要落實到成就事業上。

所謂「知行合一」道德實踐活動的典型特徵，既是要求知「道」，又要求行「道」，是一種「道」的「體驗」。在體驗「道」的知行合一的道德實踐中，人不斷完善自己，不斷地將自己的行為規範落到「仁義禮智」的德行之中。

《周易》主要是談「立人之道」，人是中心內容。「立人之道曰仁曰義」，這裡的仁義是道德之根本。要建立仁義道德規範，需要不斷加強人的道德修養，所以，《周易》特別強調道德修養問題。而道德修養主要是反身修己，修己就是主體自我體驗。

《易經》蹇卦卦辭中明確指出「君子以反身修德」。反身修己是主體自覺行為，是以自身為對象的自我反思，自我體驗，自我覺悟。因為反身修己是成就自家身心性命之事，是陶冶情操，完成一種理想人格，而不是獲得關於善、美的概念知識。所以，它不需要進行辯論和探索，也不需要公理化、形式化的知識系統。

對道德修養問題，《周易》提出了許多比較具體的方法途徑，涉及人生各方面，六十四卦中有二十九卦談到君子德行修養問題，具體如下：

乾：天行健，君子以自強不息。
坤：地勢坤，君子以厚德載物。
蒙：山下出泉，蒙，君子以果行育德。
小畜：風行天上，小畜，君子以懿文德。
大有：火在上天，大有，君子以遏惡揚善，順天休命。
蠱：山下有風，蠱，君子以振民育德。
臨：澤上有地，臨，君子以教思無窮，容保民無疆。
大畜：天在山中，大畜，君子以多識前言往行，以畜其德。
頤：山下有雷、頤，君子以慎言語，節飲食。
大過：澤天木，大過，君子以獨立不懼，遁世無悶。
坎：水洊至，習坎，君子以常德行，習教事。
咸：山上有澤，咸，君子以虛受人。
恆：雷風恆，君子以立不易方。
遁：天下有山，遁，君子以遠小人，不惡而嚴。
大壯：雷在天上，大壯，君子以非禮勿履。

晉：明出地上，晉，君子以自昭明德。

家人：風自火出，家人，君子以言有物，而行有恆。

睽：上火下澤，睽，君子以同而異。

蹇：山上有水，蹇，君子以反身修德。

損：山下有澤、損，君子以懲忿窒慾。

益：風雷益，君子以見善則遷，有過則改。

升：地中生木，升，君子以順德，積小以高大。

困：澤無水，困，君子以致命遂志。

震：洊雷震，君子以恐懼修省。

艮：兼山艮，君子以思不出其位。

漸：山上有木，漸，君子以居賢德善俗。

節：澤上有木，節，君子以制數度、議德行。

小過：山上有雷，小過，君子以行過乎恭，喪過乎哀，用過乎儉。

既濟：水在火上，既濟，君子以思患而預防之。

上面列舉的這些德行修養的途徑和方法，顯然是經驗型的、實踐型的。雖然涉及社會生活各個方面，但主要解決的是人與社會的關係問題，力求達到主客體統一或天人合一。修己是立人，立人之道是仁、義二字。要達到仁義，非一日之功，須長期漸進，孜孜以求，不斷體驗。只要「精義入神」，「窮神知化」，堅持長期自我體驗、磨煉，就能「德之盛也」。德盛而熟，則仁義自得。這是君子之道，小人是做不到的。君子「德之不修，學之不講，聞義不能徙，不善不能改，是吾憂也。」（《論語・述而》）孔子最關心、最重視人的道德修養，並要求人們的道德達到聖人的水準。

仁義為元德，是最大的善，是人道，也是儒家推崇的人格最高境界。人與人之間，雖有五倫九族、親疏遠近之分，但都擺脫不了仁義這一道德準則的制約。孟子說：「仁，人心也；義，人路也。捨其路而弗其由，放其心而不知求，哀哉！」（《孟子・告子上》）

仁正是人的同情心表現，而這種同情心又是普遍存在的情感。「仁者愛人」，禹稷的饑弱同懷，文王的澤及枯骨，孔子的老安少懷，孟子的苛政猛如虎，政為不忍之寄等等，都是仁心表現、愛人之舉。敬老、慈幼是基本的仁舉，如果做到由親及疏，由近及遠，由「仁民而愛物」，使仁心擴展到宇宙萬物，那就「是心足以王矣」。由此可見，仁這種道德行為乃是一種情感體驗，經由對仁的自我體驗而達到至善。由我到非我，由愛人到愛物，仁心具有普遍意義。主客一致，物我一體，這是盡善盡美的道德實踐之真諦。

《周易》按天地、男女、夫婦、父子、君臣之間的內在聯繫推論出仁義道德規範，置人於綱常倫理關係中，這就使人成為道德行為的主體，而不是認識的主體。從而，就把認識看作是對道德行為的體驗而不是對客觀事物的概念分析。人在道德實踐中體會到善和美，而這種善和美又是與仁義聯繫起來進行價值判斷，不合仁義的不能算作美和善。

《周易》的價值取向是唯善唯美，美和善是在道德實踐中形成的情感需要。這樣，對美和善的追求也就成了思維的重要內容。而人的情感需要又是思維的重要動力。在這種情感思維方式支配下，人們的價值取向不是去求得「真」知，而是致「良知」，一切是非曲直都是以自己「良知」作為判斷標準。「良知」實際上是人的自然心理情感及其體驗的昇華，是仁義的理性表現。仁義的情感判斷標準在於至善至美，而不在於客觀真實性。

崇尚善美的情感思維是《周易》倡導的道德實踐的必然產物。道德實踐是人對善的行為的情感體驗。善的就是美的，對善的體驗即是對美感的體驗。人在情感體驗中感受到天人合一、情景合一、人與自然和諧統一的美感的樂趣。作為情感體驗的善，是一種心中的仁義之性，它是內在的美，即「心靈美」。善和美的情感意識來源於人的道德實踐，沒有人的道德修養就沒有善美的情感意識。仁義之性充實到人的意識和行為當中，就能昇華出善和美的情感意識來。

由此可見，情感體驗是從人的情感出發，從感性經驗出發，對客觀知識不是從客觀方面去理解，也無需邏輯概念上的分析，而是根據人的主觀情感需要，根據主體自我體驗，對認識對象進行選擇、過濾和淨化。對某一事物的認識；不是著眼於這一事物自身的質的規定及其與人的關係，而是著眼於人的情感需要和道德評價，體驗出某種意義來。

《周易》情感體驗的思維方式對中國古代的價值取向和科學發展有很大影響。情感思維以人為中心，從人的道德需要和利益出發，必然導致人們的價值取向是求善求美，而不是求實求真。人們只注重自己的切身利益，求吉問凶，而不去科學地認識事物，探明事物發展的真正原因。這樣就限制了實證科學的發展，把醫學、數學、天文曆算、農業技術等實證科學視為「小技」，而把「身心性命之學」看作

「大道」」。倫理道德高於科學真理，正是這種思維方式影響的結果。

窮神知化的精神境界

《周易》六十四卦表達天下之理，儘管天下之理和變化之道隱藏在事物深處，不能明察，但它們包含在卦爻象和卦爻辭之中，可由《周易》的「微顯闡幽」來把握。《周易》所以能微顯闡幽，知往察來，掌握天下之理和變化之道，就是因為「神無方而易無體」。《繫辭傳》說：「是故蓍之德圓而神，卦之德方以知，六爻之義易以貢。聖人以此洗心退藏於密，凶吉與民同患。神以知來，知以藏往，其孰能與於此哉！古之聰明睿知神武而不殺者夫！是以明於天之道，而察於民之故，是興神物，以前民用，在人以此齋戒，以神明其德夫。是故闔戶謂之坤，辟戶謂之乾，一闔一辟謂之變，往來不窮謂之通。見乃謂之象，形乃謂之器，制而用之謂之法，利用出入，民咸用之謂之神。」

在這裡「睿知」是深知遠望之意，所提到的神，含義不一，但主要還是指「陰陽不測之謂神」。陰陽不測是變化無窮、生生不滅的意思，這種「神」乃是易之根本。把握這種易「道」就能通神明之德，以類萬物之情。由於「神」就是易變，所以窮神知化。窮即「研幾」，窮極事物中深藏著的天下之理和變化之道，通曉萬物化成之秘密。

當然，窮神知化不是一般人能做到的。必須要有深刻的心理體驗和極高的德行修養，才能達到精義入神、窮神知化，使主體與客體達到高度的和諧一致。

「窮神知化」的要點在於涵養自致、氣質自化、仁知自得。用現代語言來說，就是在於心理素質的自我修養。自得乃心得，即用心揣摩，用心體會。為什麼心理體驗能夠窮神知化，能夠掌握天理人道？原因在於天理人道是一回事，是為易道。天人感通，心和萬物完全相通。二者不是對立的兩極，而是合二為一。心本身即體現了天地萬物的道理。天地萬物的根本道理，無須在天地萬物中去認識，而是經由自我心理體驗去掌握。

自然現象豐富多采，變化無窮，社會現象、人事吉凶悔吝亦是如此。然而，「天下同歸而殊途」。萬事萬物，萬殊萬變都有共同性，遵循同一規律。這就是「德者屈也，來者伸也，屈伸相感而利生焉」（《繫辭傳》）。日月相推，寒暑往來，草木枯榮，世事更迭，人間盛衰，都同歸一途，表現為屈伸相感的規律性。生必有死，枯必有榮，屈必有伸，反之一樣。這種規律就是神，是陰陽之氣變化的結果。然而陰陽變化對人來說是玄妙難測的，天地變化的規律並不是輕易就能知曉明白。所以，古往今來很少有人對屈伸相感之幾微能瞭如指掌，透徹省悟。

人們處陰陽變化中而不覺，終日思慮憧憧，屈時憂而怨憂，伸時樂而妄樂，始終擺脫不了混沌迷惘之困境，無時不受到客觀自然規律之擺佈。屈是憂，伸是樂，極少能伸屈自如，憂樂坦然。

人欲達到「何思何慮」、「何憂何懼」的境界，必有「精義入神」、「窮神知化」之功夫。《繫辭傳》說：「尺蠖之屈，以求信也，龍蛇之蟄，以存身也。精義入神，以致用也。利用安身，以崇德也。過此以往，未之或知也。窮神知化，德之盛也。」尺蠖作為蟲類是靠一屈一伸而前行，龍蛇冬天蟄伏不動。尺蠖龍蛇的屈伸動靜，對於它們的生命來說同等重要，必不可少。有屈無伸、有蟄無動或無屈無伸，無蟄無動都是不可能的。凡物有動必有靜，有屈必有伸，這是陰陽變化規律之所然。對人類社會來說，這一規律同樣適用。

「精義入神」便是屈伸動靜相依相存的表現形式。「精義入神」是人類屈靜修養的功夫。進行這種修養時，是屈之至，即屈靜階段，然而，精義入神正是為了出而致用，屈靜過後便可以利其用而安其身。對於人的修養而言，「精義入神」意指向內用功夫，是微顯闡幽，研幾窮理，「利用安身」是向外用功夫，是伸。由屈而伸，對事物體會愈深，幹什麼事情就可以泰然處之，得心應手。但「精義入神」和「利用安身」還只是處於知曉陰陽不測之物這樣的「知」的階段，還要進一步達到更高的「窮神知化」階段。

「窮神」不但知曉「神」，而且其聰明智慧幾乎與神明相契。此時，陰陽造化，主客體臻於統一，人們屈伸自如，無所思慮。「窮神知化」是一般人不能企及的，唯有聖賢方可體悟。據說，古人只有孔子及其弟子顏回能稱得上如此之人。孔子「其為人也，發憤忘食，樂而忘憂，不知老之將至」。（《論語・述而》）顏回「一簞食，一瓢飲，在陋巷。人不堪其憂，回也不改其樂」。這裡的樂而忘憂，表明孔子、顏回已超脫了凡人為屈憂伸樂所累的迷惑狀態，達到憂樂坦然、天人合一的理想境界。

《易傳》所談的「窮神知化」，實質上是一種心理體驗活動，神不僅僅理解為陰陽不測，易道變化，而且還可以理解為人的心靈智慧，即「心」。「心」即「神」即「易」。它與天理人道融為一體。如果說「神無方易無體」的話，那

「心」也是出入無時，沒有時空限制。它是一種主體精神，具有極大的主體能動性。在中國哲學史上，「心」既是本體存在，又是體驗活動，是存在與功能、本體與作用的統一。正因為如此，「心」的概念應用非常廣泛，可表示知、思、性、情、意、欲望、志趣等認知行為和心理活動。

「心」的體驗在《周易》中基本上是心理體驗。這種心理體驗就是不作主客內外之分，不可以客觀事物為對象，不要概念邏輯分析和語言文字界定，而是直接從主體心理體驗中領悟到天地萬物變化之道，從主體心理體驗出發通曉宇宙人生的根本意義。為什麼從「心」中可體出「道」來。因為天人同一。人和天地萬物本來是一體的，天地之性就是人之性，天之所以為天之道就是心之所以為心之道。據此，要體驗天之道，只需體驗「心」之道。「心」的體驗「體物而不遺」。只有「心」的體驗才能「窮神知化，與天為一」。

心理體驗也是人的情感思維形式。喜怒哀樂、信念意志等情感因素是心理體驗的主要內容。《周易》理論中的基本思想，經由這些情感因素的心理體驗，從而在卦象中體現出來。人們將自己的心理體驗投射到天地萬物之中去，以人的主觀心理體驗來理解、解釋蘊藏在天地萬物中的天理人道。《周易》反映出這種心理體驗狀況，主要表現如下：

喜陽惡陰。喜陽惡陰這種心理在原始人類中已經萌發。人們喜歡白天、太陽、晴暖的天氣，而厭惡黑夜、陰雨天氣。因為原始生活穴居山野，採果打獵是維持生存的基本方式。如果是黑夜、陰雨、寒冬，他們就不便謀取生活資料，有凍餒之虞，而且還易受毒蛇猛獸的威脅；如果是在晴朗的白晝，人們可以自由活動，盡情享受大自然的賜予。這種生存環境自然就形成原始人類喜陽惡陰的心理。人們對自然現象的喜惡心理擴展投射到社會領域，產生了喜君人、惡小人，扶陽抑陰、陽尊陰卑等社會意識。這種心理意識經過長期積澱，凝結到人們的思維習慣中去。《周易》就是在這一社會心理支配下來闡發易理的。

《易傳》開宗明義說：「天尊地卑，乾坤定矣。卑高以陳，貴賤位矣。」整個《周易》體系都貫串這一思想。既然一陰一陽之謂道，那麼陰卑陽尊就是道的永恆性質。而由陰陽化生的萬事萬物莫不如此，天地、君臣、父子、夫妻、男女、剛柔、上下等都有尊卑貴賤之分。

喜陽惡陰心理也滲透到《周易》卦爻象和卦爻辭之中。爻位分陰分陽，分剛分柔，並賦予優劣善惡的人世感情色彩。陽剛是優的、善的，自然受人尊敬喜歡，因此陽盛剛長為好；陰柔是劣的、惡的，自然遭人厭惡鄙視，因此陰盛柔長不好。事物變化發展的過程和天道運行一樣，是剛柔相互消長的過程，這一過程在卦象中表現為陰爻⚋、陽爻⚊的排列組合和相互轉化。

《周易》認為剛長吉，柔長凶，剛與柔相互消長反映人間君子與小人的輔鬥爭。例如剝卦䷖，一剛在上，五柔在下，柔長剛消，剛幾乎被剝盡。此卦表明小人得勢，小人盡剝君子。這時，君子應什麼都不幹，「不利有攸德」，切勿妄動。又如泰卦䷊、否卦䷋，兩卦都表現出人們喜陽惡陰的心理。

否卦卦辭是：「否之匪人，不利君子貞，大往小來。」意思是說：否時，壞人得勢，不利於君子正道，陽剛美好的景象逐漸消逝，陰邪壞事滋生蔓延。泰卦卦辭是：「小往大來，吉亨。」泰卦內陽而外陰，內健而外順，內君子而外小人，君子道長，小人道消。外卦象徵醜惡的陰爻逐漸排除消去，內卦象徵美好的陽爻都已匯集攏來，這正是受人歡迎的「泰」的境地。總之，《周易》充滿了好惡愛憎的心理體驗，根據這種體驗直接領悟出客觀事物內在本質及其發展趨勢。

趨吉避凶。卜筮斷吉凶是《易經》基本職能。《易經》正是透過卦象和卦爻辭來表達吉凶禍福的基本取向，指導人們趨利避害，逢凶化吉。為判斷利害關係及程度，《易經》創立了七個常用貞兆之辭：吉、利、吝、厲、悔、咎、凶。吉為福祥、喜慶之事；利為可得利益之事；吝為艱難困苦之事；厲為危險之事；悔為悔恨懊喪之事；咎為輕微災患之事；凶為禍殃之事。《易經》六十四卦，每卦都有這七種價值判斷之語，它們是易卦必不可少的組成部分。即使沒有出現這七個字眼，人們也可根據卦爻辭來理解這些字眼的含義。

趨吉避凶、趨利避害，這是人類本能行為。人們在行動中總是選擇好的、有利的一面，而避開不好的、有害的一面。這一價值取向告訴人們要在有利時行動，不利時不能輕舉妄動，要謹慎戒懼。這種心理在《周易》卦象中表現為陰陽交錯，凡上下兩卦有交感性質則吉，沒有交感則凶。「天地感而萬物化生，聖人感人心而天下和平，觀其所感，而天地萬物之情可見矣。」（《彖傳‧咸》）

由卦象徵兆判斷吉凶，並無科學性。但這種求卦問吉的占卜方式卻是人們趨吉避凶心理的集中表現。人們喜歡吉利，盼望成功，這是人之常情。《周易》卦辭爻辭則迎合這種心理，吉凶斷語大都以吉、利、無咎、無悔居多。「自易之既作而觀之，則六十四卦未有一卦不可為也，三百八十四爻，未有一爻之不吉。」①說明《周易》注重易之吉相，吉比凶多，使占卜者容易碰到好運氣，以增強行動的信心和決心。

人的趨吉避凶心理還反映出人們居安思危、處吉不驕、處凶不亂、化凶為吉的理智選擇。《周易》是周代的大作，其思想自然要打上時代的印記。周以百里小邦，與殷商大國長期角逐，歷經艱苦磨難和流血犧牲，最終以周代商。周王君臨萬國，一朝天子，唯恐得而復失。因此，常常教導周人「居安思危」、「不敢荒寧」，朝乾夕惕，趨吉避凶。「危者，安其位者也。亡者，保其存者也。亂者，有其治者也。是故君子發而不忘危，存而不忘亡，治而不忘亂，是已身安而國家可保也。《易》曰，其亡，其亡，繫於苞桑。」「其道甚大，百物不廢，懼以始終，其要無咎，此之謂易之道也。」（《繫辭下傳》）

由此可見，《易》繫辭體現著一種戰戰兢兢、如履薄冰的臨危心態。《易》辭始終要說明的是這樣一個道理：心存危懼，謹慎從事，必然平安。反之，麻痺大意，漫不經心，則必傾覆敗亡。安與危，存與亡，治與亂，都是相互依存、相互轉

①宋・鄭樵：《奧論》。

化的。危自安來，亡自存來，亂自治來。君子要深知此理，居安思危，存而不忘亡，只有這樣恆畏「其亡」，江山就能像「繫於苞桑」一樣鞏固。

一部《易》書從始至終，歸根結底是告誡人們兩件事：一是敬畏，一是求得無咎。其目的是指導人們如何趨吉避凶。

心理平衡。我們知道，《周易》重視時中、中和，強調整體平衡。這一思想反映出人們追求公正與平衡的心理。「陰者之所求，陽也，陽者之所求，陰也。」陰中有陽，陽中有陰，陰陽交感而成為一個整體。天地萬物變化發展都處於陰陽整體平衡的狀態之中。如果不注意平衡，就會陷於過與不及的極端，從而陰陽失調，萬物不興。《周易》心理平衡原則在卦爻象及辭中都有體現。如乾卦各爻之龍，好強冒進，六爻皆為龍，實為群龍無首。「上九，亢龍有悔。」亢是過度之意，乾於上九，龍至於亢，應為時勢之必然。但事物總有兩方面，超過了度就要求向反面而轉為退。亢龍如果不注意謙退，就會有悔。

根據這一情況，乾卦「用九」則對群龍壓抑，要求不要為首，注意謙退。又如「家人」卦，「初九，閑有家，悔亡。」家庭是人們獲得心理溫暖和慰藉的地方，如果一開始不立下規矩，實行約束，就會滋生鬆弛鬆緩的心理。這樣就會倫序搞亂，子弟變壞，後果不堪收拾。所以，對家庭來說，要有弛有張，有寬有嚴，不可使懶惰心理放任自流。「九五，王假有家，勿恤吉。」家長以自身的模範行為感動家人，從感情上把一家之父子兄弟夫婦長幼和諧起來，使他們莫不相愛，而不能將威嚴強加到家庭成員頭上。損卦和益卦是相互補償的關係，「失之東隅，收之桑榆。」損卦要人民對國家負擔貢賦義務，而益卦則給人民以補償。只有損益互補，才能平衡人民心理，使人民樂於盡義務。

《周易》最後兩卦是既濟和未濟。既濟離下坎上，六爻皆當位正應，離火炎上而居下，坎水勢下而在上，上下交融，陰陽感通，彷彿大川已濟，一派升平氣象。在這時，易於令人心理滿足，產生麻痺情緒，人於既濟生止心，止心生則怠惰不勤，不思進取。這種心態是十分有害的，時間一久則衰亂不可避免，所以，「初吉終亂」。到了未濟，「亨，小狐汔濟，濡其尾，無攸利。」這是說，未濟之亨是部分的，老狐能亨，小狐不能亨，小心謹慎者亨，大意莽撞不能亨，要看事態的發展和主觀的努力如何。

「物不可窮也，故受之以未濟。終焉。」（《序卦傳》）事物變化沒有窮盡，生生不已，沒有止境，這一辯證思想集中反映在未濟這一卦上。未濟即未窮，未窮即生生不已。未濟卦雖終而意未盡，以未盡為六十四卦之結尾，蘊含著積極的平衡的心理機制，激勵人們始終不懈，奮鬥不止。

超越自我的直覺體驗

《周易》的卦象是六十四卦，三百八十四爻組成的象數符號系統。在這一系統中，符號和意義、形象和本體、思維主體和客體對象完全合一，意義通過符號表現出來，象數表現出無形無象的本體意義。

「立象以盡意，設卦以盡情偽，繫辭焉以盡其言。」（《繫辭上傳》）根據卦象來認識易理，是意象思維形式，它是從具體形象符號中把握抽象意義的思維活動。這種思維，不重視語言的邏輯分析，也不使用邏輯語言，卻重視象數辭占所指稱的本體意義或抽象意義。由「象」這個仲介，在道德情感、心理情感的直覺體驗中，完成天人合一、心理合一、主客統一的整體認識。

《周易》認為，天人遵循的是同一個「道」或「理」，即「性命之理」。天地之道與人之道在形式上不同，前者為陰陽柔剛，後者為仁義，但二者都「順性命之理」。所謂「順性命之理」，是順其天道人性合一之理。「性命之理」的性是就人而言的，是人的內在本性；命是就天而言的，是天之理。性命不是對立的兩極，而是有機統一在一起的，性來源於命，命實現為性。命決不是純粹客觀的自然之道，要通過人去實現出來。同時，人性只有超越自我，才能成為天地之道。性來源於命，實際上是將命內化為人性，天道變成人道。這是人的認識過程中的內化階段。

天道被內化為人道而存在於人的內在本性之中，要實現這種天道，就需要主體的自我超越，也就是要「盡心知性知天」。只有經過自我超越，才能實現天人合一的「天道性命」。

怎樣實現自我超越而達到「性命之理」？這需要主體的直覺體驗。直覺體驗就是體神以明理。理是無形的，既在象數之中，又超越象數之外，要認識性命之理就要靠人的精神去感應和掌握。

「精義入神，以致用。」事物變化之「道」無形可見，無名稱謂，只有靠精神這面鏡子去體認。但這種體認並非要百般思慮，苦心追求，而是以寧靜之心去把握它，用「神」來感通它。「神」的這種直覺感通既不需要感性認識，也無需理智分析，是一種帶有神秘色彩的直覺思維。

實現通感的過程，就是進行直覺體驗的過程。「道」或「性命之理」、「寂然不動」，與此相通的只能是「神」。因為「神」無形無體，變幻莫測，具有極大的能動性，它能與「道」感而相通。在這裡「神」既是實體，又是功能。作為實體是說神是道的化身，是道的體現；作為功能是說神具有神明作用，它能「妙萬物」，與「道」能「感而遂通」。「神」的主要特點就是體驗。但這種體驗與道德體驗不同，也與心理體驗不同，它帶有直覺的神秘性，是一種直覺體驗。

「神」與「道」相感通的基礎是屈伸相應，陰陽相感。一物有一物之變化，一事有一事之時宜。認識事物就要因時而變，不能執一不變。《周易》六十四卦三百八十四爻就是事物萬千變化的具體描述。然而，不管事物變化如何千差萬別，但都遵循同一規律，這就是陰陽相感，屈伸相應。陰陽相感而萬物化成，屈伸相應而變化生矣。日月往來，寒暑相易。草木生滅，人事盛衰，均是屈伸、陰陽使然。當然，陰陽變化之道不是直接為人所掌握的，人們實際上很難把握陰陽變化、屈伸相感之幾微，正是「幾微」變幻莫測，便稱之為「神」。

變化由陰陽相推造成，陰陽相推，或陰或陽，兩者不測，正如陰爻陽爻組合的卦畫那樣變化莫測。事物屈伸相感之「幾微」是「神」，它與「道」感而遂通。所以，要體「道」就要「研幾」，要體驗出「幾微」中的性命之理來。

直覺體驗是體察萬物變化展開的初始狀態，從萬變中體驗出不變來。為此，就要「研幾」、「精義入神」，由淺入深，由粗到精。《繫辭傳》說：「夫《易》，聖人之所以極深而研幾也。唯深也，故能通天下之志；唯幾也，故能成天下之務；唯神也，故不疾而速，不行而至。」深，言事理深奧難測；幾，言事理細微未著。聖人利用《易》之「至變」以窮極事理不易見的幾微，利用《易》之「至精」以窮極事理中難測的「深」。把握了事理中的奧秘和「幾微」，就能明瞭那「不疾而速，不行而至」的「神」。

《繫辭》對《易經》特點概括為「三至」（「至精」、「至變」、「至神」）和「四尚」（「尚其辭」、「尚其變」、「尚其象」、「尚其占」），這一概括突出了《易經》的中心要旨是「變」。「唯變所適」，人們要按《易經》的「變」去認識和實踐。但如何「至變」、「至精」呢？這就需要「研幾」。「幾」存在於複雜的「變」之中，它「象見而未形」，易逝易隱，單憑感性直觀很難確切掌握，只有「極深而研幾」，才能「知幾」。「知幾」就能「探賾索隱，鉤深致遠，以定天下之吉凶」。（《繫辭傳》）

「研幾」是要探究卦爻變化以及事物變化的原因，《易傳》把這一原因稱為「神」。「研幾」也就是「窮神知化」。魏晉玄學家韓伯在對《繫辭》「陰陽不測之謂神」一語注釋時說：「神也者，變化之極，妙萬物而為言，不可以形詰者也，故曰陰陽不測。……是以明兩儀以太極為始，言變化而稱極乎神也。夫唯知天之所為者，窮理體化，坐忘遺照。至虛而善應，則以道為稱；不思以玄覺，則以神為名。蓋資道而同乎道，由神而冥於神者也。」①

神是萬物變化之根源，萬物有形象，神則無形象可言，所以它「陰陽不測」。要找出這種變化之「神」，不能求其所以然，不能用感性認識和理性認識來得到，而只能自我「窮理體化，坐忘遺照」，使自己的靈魂同「神」化合為一。這就是「窮神知化」的過程。

在此過程，對事物的認知是不必要的，功夫全在於崇德。只要時時刻刻修養自身的心性，不為形累，不為物遷，即可以與道同體，神與物冥。人的修養心性達到

①韓伯：《周易集解》。

這種境界，德盛仁熟，其結果必然是「研幾」得「神」、「窮神知化」，天下萬事萬物變化之規律已被認識透徹。

由此可見，上述的「研幾」或「窮神知化」，是一種無須感性和理性思維的直覺體驗，是「不疾而速，不行而至」的「自得」。對這種不依門傍戶的自得功夫，孟子有深刻論述：「君子深造之以道，欲其自得之也。自得之，則居之安。居之安，則資之深。資之深，則取之左右逢其源。故君子欲其自得之也。」（《孟子・離婁下》）「自得」的意思是說，事物變化之「道」或「神」的獲得靠自我體驗、自己求得，而不假借外界之物來幫助自己體「道」。

這種自我體驗行為是人的本能，正如人渴而知飲，饑而知食那樣，無須他人教導，也不必用心思慮，只需自己修心養性，經過自我長期修養磨煉，就能心領神會，把握「神」、「道」。

自得的直覺體驗是「窮神知化」的關鍵所在。這種體驗是一種玄思、靜思的體道行為，經由它而達到對萬物變化之根本原因及意義的終極認識。

據此而言，《周易》的直覺體驗又具有一種直觀的理性主義傾向，而對中國傳統哲學有著重大影響。無論是儒家，還是道家都特別重視「心」的自得作用，強調

「心」的直覺體驗。孟子說：「耳目之官，不思而蔽於物」，「心之官則思，思則得之，不思則不得也。」老子主張「滌除去覽」，要求排除耳目見聞的影響，而發揮「心」的作用。三國魏人王弼（二二六—二四九）認為聖人的心智比一般人要高，因而聖人能和本體之「無」相通。北宋哲學家程頤（一〇三三—一一〇七）說：「盡己之心則能盡人盡物。」朱熹強調要充分發揮「心」的作用以窮物理，認為「心包萬理，萬理具於一心，能存心而後窮理」。

所有這些論述，都表現為直觀理性主義。它否認感性經驗在認識中的作用，強調「心」即理性對體神明道的作用。但是這種理性沒有科學論證，也沒有明確的界定，具有整體模糊性，並帶有一定的神秘主義色彩。

第六章 《周易》思維與自然科學

《周易》象數與義理的有機統一和互相轉換，使《周易》體系能容納極其豐富的思想內容。它不僅奠定儒家理論基礎，初創中國傳統思維方式，而且還「旁及天文、地理、樂律、兵法、韻學、算術，以逮方外之爐火，皆可援《易》以為說」（《四庫全書總目》），《周易》理論寶庫中蘊涵著大量的以資中國古代自然科學利用的範疇框架、符號系統、思維方式和方法論原則。

具有中國特色的樸素自然觀

我國古代對自然界和人類之間關係的認識，在《周易》一書中得到比較完整、比較深刻的反映。《周易》「仰則觀象於天，俯則觀法於地，觀鳥獸之文與地之宜，近取諸身，遠取諸物，於是始作八卦」。八卦中的天、地、雷、風、水、火、山、澤八種物質是宇宙萬物構成之始基，八卦演成六十四卦三百八十四爻，象徵宇宙萬事萬物的發展變化。《周易》是關於事物發展變化的學說。「生生之謂易」，八卦所模擬的宇宙構成圖景，是生生不已，千變萬化，具有無限發展過程的宇宙。這就是《周易》的樸素自然觀。

《周易》樸素自然觀的一個重要觀點，是「陰陽交錯」、「剛柔相推」、「天地相感」而生變化，位於六十四卦之首的乾卦，卦辭為「元亨利貞」，意思是「大哉乾元，萬物資始，乃統天。雲行雨施，品物流行，大明終始，六位時成，時乘六龍以御天。乾道變化，各正性命，保合太和，乃利貞」。（《彖傳》）

乾元強調萬物創生化育過程是由乾開始，乾坤合德，共生萬物。沒有乾坤就沒有萬物生成，也就沒有「易」。六十四卦也是由乾坤所創生，是乾坤交錯，發展變化的結果。《繫辭傳》特別強調這一觀點：「乾坤其易之門邪。乾，陽物也。坤，陰物也，陰陽合德而剛柔有體，以體天地之撰，以通神明之德。」剛柔相推，陰或變陽，陽或變陰，陰陽相蕩而生變化，這既是《周易》卦爻生成的根據，又是客觀世界變化的原因。陰陽剛柔相推而生變化的觀點，道破了《周易》的實質性內容。陰陽、剛柔、天地是具有相同性質的概念，彼此均可互代。「天地感而萬物萬生」、「有天地然後萬物生焉」等命題與剛柔相推、陰陽合德而生變化的觀點是一致的。反映出古代人們對自然界的根本認識。這種自然觀雖很樸素，但充滿著辯證精神，一定程度上揭示了自然界變化發展的根本原因。

《周易》自然觀的另一個重要命題是天命觀和天人合一的觀點。對天的認識可能是古代人類對自然規律認識的開端。天蒼蒼，地茫茫，曠達深幽的穹宇籠罩大地萬物。日出日落，寒暑相易，狂風暴雨，雷鳴電閃，如此之神力，皆為天使然。凡此種種，人們自然對天的魔力產生敬畏之情，也極欲探知天之奧秘。對天的理解，《周易》不是盲目崇拜和賦予宗教神秘性，而是以人道來解釋天道，從人事中把握天理。太陽運行，四時變化，寒暑往來，晝夜更替，這就是「天」。但《周易》把自然之「天」同人類活動和社會規律聯繫起來，強調天人關係的統一性，強調「人」必須與「天」相認同、一致、和諧、協調。《周易》認為「天行健」，天的生命力就是天命，「天人合一」要求人們「享天之命」，「承天而時行」，「順乎天而應乎人」。在《周易》中，「天」作為命定、主宰義和作為自然義的雙重含義始終存在，具有某種不確定的模糊性質。

「天人合一」命題既包含著人對自然規律的能動適應、遵循，也意味著人對主宰、命定的被動順從與崇拜。人適應和遵循自然規律，就會得吉利貞，反之則有咎有凶。這是客觀必然性，故人要順應天道。由天道推及人事，也是不能違反的。人，特別是統治者不能不修德行和違背民心，唯有德者，能使民歸之，「諸侯」順之，才能愛民、保民，進而稟受天命。有德者，受天命。失德者，天降喪。德是人之道，與天道一致，通過德，天與人、天命與人心合而為一。「以天為宗，以德為本」，敬天尊祖，以德配天，天人相通，「各正性命，保合太和」。這是《周易》所描繪的天人合一的美妙之境，是其樸素自然觀的充分體現。

「天人合一」的自然觀，在《周易》中是通過卦象陰陽兩爻的相感相斥的運動變化而反映出來的。陰陽是客觀世界變化發展的最終原因。在《周易》產生之前，還有一種「五行」說。它把自然現象和人的活動歸結為五種物質元素，即水、火、木、金、土。水有潤下之性，火有炎上之性，木可以揉曲直，金可以銷熔而改變形狀，土可以種莊稼。把水、火、木、金、土看作是五種性質，而不是五種具體的物質，「五行」說實際上是用這五個範疇來解釋和說明世界，是當時人們對自然界的一種根本觀點。陰陽五行說和《周易》在戰國末期已彼此溝通，互為補充，有力地促進了我國古代的天文、曆法、音律、醫學、農學等具體學科的發展。

我國古代自然觀強調自然界的整體性及事物之間的有機聯繫，強調人和自然之間的協調、一致與統一。這種自然觀的形成與中華民族思維傳統有著直接的淵源關係。前面講到，《周易》是中國傳統思維模式的發源地。《周易》體現出來的整體思維、唯象思維、情感思維等思維方式，都帶有樸素辯證法的基本特徵，都是從事物的整體、事物的普遍聯繫、事物的有機統一中來理解客觀事物。而從整體出發的綜合觀則是中國傳統思維模式的立足點，由這種思維模式出發，就會把天人合一而不是天人相分，作為人們對自然界的總的看法。

但中國古代文化氛圍突出人的體驗而不是邏輯分析。人不是對客觀世界進行知性認識和理性分析，而是對《周易》提供的卦象進行體驗。卦象是自然、社會、歷史、精神世界的模擬，萬物變化無不體現在卦象之中，也無不體現陰陽消長的規律。無論是天體運行、季節變化，還是人體機能、個人命運、歷史變遷，都是陰陽消長、陰陽盛衰之象。人們觀象繫辭，得知的是吉凶悔吝，而不是客觀對象的具體知識。人們不需藉助其他認識工具和手段，憑藉主體自身的道德修養和心理體驗，即可直觀出宇宙萬物變化的根本規律。這是因為，宇宙萬物都遵循著一個共同的「道」。體驗到人道，也就體驗到天道、地道。「八卦成列，象在其中」，任何事物都可由象的體驗而得到說明。把握了這種象的統一性，變化莫測、零亂雜多的感性世界即可歸納為一個同一、和諧、秩序、相互交感互應的整體。

《周易》以天人合一和陰陽五行觀點解釋說明自然界，帶有中國特色，是中國傳統思維的必然產物。《周易》自然觀雖然是有機整體自然觀，充滿辯證精神，但它忽略對客觀事物的細節和成份分析，所提供的世界圖景往往是模糊的，不精確的。這種辯證綜合的自然觀，雖然使古代中國在自然科學許多方面有所建樹，但由於整體模糊性，也嚴重制約了我國民族理論思維和科學技術發展。這種自然觀與西方近代的實驗分析、邏輯推理的機械自然觀不同，缺少科學實驗和理性分析基礎，而且在中華民族幾千年歷史中占主導地位，使中國自然科學長期處於直觀猜測和朦朧意識的水平上，落後於近現代西方自然科學發展。樸素自然觀由於是以模糊方式表達的，缺乏事實材料的分析和驗證，因而始終不能轉化為科學的思想體系。

中西文化在人與自然關係問題上的差異之一，是中國文化比較重視人與自然的和諧，而西方文化則強調征服自然、戰勝自然。《周易》的天人協調性，肯定人類是自然界的產物，是自然界的一部分，人與天地合稱「三才」，同為萬物之本，天地人是一個不可分割的整體。人性即是天道，道德原則和自然規律是一致的，都表現為陰陽相互作用、相互推移的對立統一。天人和諧是人生的理想追求，人由道德修養而達到天人合一的理想。

把天人合一作為人生的最高追求，這就忽略了物質生產這個建立、保持和發展人與自然統一的關鍵環節。通過道德修養而不是通過物質生產達到天人合一，勢必影響人們對自然界本身知識的探求，影響人們征服自然、改造自然的積極性，進而影響科學技術的發展。西方文化強調人與自然分立，認為人只有在征服、戰勝自然的艱苦鬥爭中才能去征服自然和戰勝自然。「知識就是力量」，人掌握知識就是為了征服自然，支配自然。所以，他們追求知識，追求科學技術，這就必然會推動西方科學技術和工業的發展。

象數模擬的古代天文曆法學

我國古代天文曆法與《周易》有著不解之緣。有人認為，《周易》來自古代曆算和天文觀測活動，是我國古代天文學家的陰陽五行思想在哲學、文學上的反映。天文、曆法在我國是最古老的學科。古代勞動人民非常關心天空中日月星辰的變動情況，探索天體運動的規律，用天文曆法知識來指導農業生產。

根據實踐需要，我國古代人民創立了年、月、日、時的計時系統，在殷商時代已採用干支紀日。干支紀日是以十干即甲、乙、丙、丁、戊、己、庚、辛、壬、癸和十二地支即子、丑、寅、卯、辰、巳、午、未、申、酉、戌、亥順序相配組成。一日一個干支名號，日復一日，循環使用。戰國時期，根據月初月中的景象和物候知識，將冬至點開始到一個冬至點（一個回歸年）的日數分為二十四個區間，給出了專有的名稱，這就形成立春、雨水、驚蟄、春分……二十四節氣。為了確定月亮、太陽和恆星的準確位置，我國在殷末周初（約公元前十二、三世紀）建立了按時圈與赤道相截的點來劃分的完善的赤道區分體系，也就是二十八宿。二十八宿就像公共汽車的站牌，按照它的指示就可以明確說出太陽所處的位置。我國古代天文學基本上是建立在二十八宿星象圖上，恆星觀測要依靠它，制定曆法離不開它，特殊天象的出現也是以它作為記錄方位的依據。

我國古代天文學又始終是和占星術聯繫在一起的。古時觀察天象的人是巫士，星辰運轉的知識都為他們所壟斷。他們把觀察到的一些星辰運行現象和世事、人事聯繫起來，變成一套複雜的占術體系。「眾星列佈，體生於地，精成於天，列居錯峙，各有所屬，在野象物，在朝象官，在人象事，其以神著有五列焉，是有三十五名：一居中央，謂之北斗；四佈於方各七，為二十八舍；日月運行，曆示吉凶也。」①孔子也說：「為政以德，譬如馮辰，居其所，而眾星拱之。」（《論語・為政篇》）意思是說靠美德行使統治權的人可與北極星相比，他總是保持著原有的位置，由眾星圍繞保護。用天象來說明人事，是古代占星術迷信活動的基本特點，例如，「木星與土合，為內亂，饑，主勿用戰，敗」。用晝象類比人事，使古代占星術複雜化、神秘化。星象變化複雜，如果不具有豐富的天文知識，很難進行這種星象占卜。所以，我國古代的天文學家同時也是占星師。

古代科學結構是同宗教迷信聯繫在一起的，這也是統治階級利用占卜迷信維護其政治、經濟政策的手段。《周易》就反映了這種時代背景。《繫辭傳》說：「天垂象，見吉凶，聖人象之。河出圖，洛出書，聖人則之。」聖人仰則觀象於天，俯則觀法於地，於是始作八卦。把八卦看成是聖人之作，不過是為了提高《周易》之

①張守節：《正義》。

權威，依托遠古神人的創造。實際上，八卦不過是卜筮者求吉凶的發明創造，與占星術一樣，也是用物象來解釋人事，祈求神靈賜給預知。不同的是，《周易》是用蓍草占卜。其筮法同占星術形式雖不一樣，但實質意義是相同的，都是把天象作為占卜的依據，八卦的形成與天文曆法緊密聯繫在一起。

《周易》思想體系建立後，無論是對儒家封建政治理論形成，還是對自然科學的發展，都起到了極大的推動作用。人們往往用《周易》原理來解釋各種自然現象，從八卦原理中推導出自然科學的框架模式。這一現象在漢代表現得最為突出，西漢時期，對《周易》的解說成了專門的學問。其中以孟喜和京房為代表的象數學最為著名，影響也最大。孟喜易學是以陰陽說解釋《周易》，以此推斷人事吉凶和氣候變化，由此提出「卦氣說」。這一學說由京房得到進一步發展。

「卦氣」是以《周易》卦象解說一年節氣的變化，即以六十四卦配四時、十二月、二十四節氣、七十二候。「是書兆乾坤之二象，以成八卦，凡八變而六十有四。於是往來升降之際以觀消息盈虛於天地之元，而酬酌乎萬物之表者，炳然在目也。大抵辯三易，運五行，正四時，謹二十四節氣，志七十二候，而位五星，降二十八宿」（京房《易傳》）。可見，京房易學模擬造化、包羅萬象，大凡四季氣候，日月星辰，地理方位，生物繁衍，都可由卦氣推導而預測出來。

孟京易學的卦氣說，是西漢時期天文學的理論基礎，人們均以卦氣說來解釋天文現象。當時流行的是「正卦說」、「辟卦說」、「納甲說」、「爻辰說」，這四種對天文曆法的解釋，具體內容如下：

一、「正卦說」，即以易卦推衍四季、二十四節氣。根據《說卦傳》中「萬物出乎震，震東方也……」這一段話，象數家以震、兌、離、坎配東、西、南、北四方，四正卦同時主四季，震主春，兌主秋，離主夏，坎主冬。四正卦各主管二十四節氣中的六個節氣。震卦主春分、清明、谷雨、立夏、小滿、芒種六節氣；離卦主夏至、小暑、大暑、立秋、處暑、白露六節氣；兌卦主秋分、寒露、霜降、立冬、小雪、大雪六節氣。也可以將四主卦的每一爻代表一節氣，如坎卦初六為冬至、九二為小寒、六三為大寒、六四為立春、九五為雨水、上六為驚蟄。其它三正卦例此。此說還以四季配四方，東方配春天，南方配夏天，西方配秋天，北方配冬天。四正卦坎離震兌是取該四卦的卦義來比附四季、四方、二十四節氣。

二、「辟卦說」，即以易卦配十二月，七十二候。十二辟卦是復、臨、泰、大壯、夬、乾、姤、遁、否、觀、剝、坤，依次配十一月、十二月、正月、二月、三月、四月、五月、六月、七月、八月、九月、十月，此十二卦代表一年節氣中的中氣。因每卦剛柔兩爻變化過程是一陰一陽消長的過程，這十二辟卦又稱十二消息卦。前六卦復䷗、臨䷒、泰䷊、大壯䷡、夬䷪、乾䷀，陽長陰消，復卦陽氣始動，乾卦陽氣盛極，此六卦又稱息卦。後六卦姤䷫、遁䷠、否䷋、觀䷓、剝䷖、坤䷁陰長陽消，姤卦初六表陰氣始動，到坤卦六爻皆陰，陰氣極盛，此六卦又稱消卦。概十二辟卦共七十二爻，配七十二候。二十四節氣，七十二物候在《禮記》、《呂氏春秋》、《淮南子》等古書均有記載。「辟卦說」將這種物候學知識同卦象聯繫起來，七十二物候正好與十二消息卦的七十二爻相應。「候以天五」，每兩候之間相距五日，二月三十天，則每月有六種物候。按著卦氣圖上所示，每一節氣有三種物候，如立春，其物候是「東風解凍」、「蟄蟲始振」、「魚上冰」；立夏是「螻蟈鳴」、「蚯蚓生」、「五瓜生」，等等。七十二物候，是從觀察不同地區一年四季植物生長榮枯、動物生育往來、四季氣候變化以及它們之間的關係而概括出來的。按物候知識，古代的人們可以預測季節變化趨勢，指導農事活動，具有一定的科學價值。象數學家們將物候學知識繪成卦氣圖，編定陰陽變化、寒暑相易的大成之序，認為自然變化可按圖推算，「刻期不爽」，具有重要意義。

三、「納甲說」，即以易卦配天干，五行。「分天地乾坤之象，益之以甲乙壬癸，震巽之象配庚辛，坎離之象配戊己，艮兌之象配丙丁。八卦分陰陽，六位配五行、光明四通，變易立節」（京房《易傳》）。八卦配十二干，乾坤兩卦是父母卦，可配以甲乙壬癸，表示乾坤乃陰陽之始終，其餘六子卦依次配以庚、辛、戊、己、丙、丁。八卦同天干相配之後，天干兩兩組合再同五行相配，製成八卦納甲圖。它不只用以記時，主要是用於說明社會現象。八卦與五行本是古代思想家探討宇宙萬物本原問題的兩種理論，漢象數學把五行學說納入八卦體系，構成了神秘的「納甲」思維模式。

四、「爻辰說」，即以易卦配地支，二十八宿。此說其一是按《周易》六十四卦的順序，每對立兩卦，其六爻配以十二辰，代表十二個月份，為一年；三十二對卦象，則代表三十二年，從乾坤到既濟未濟，往復循環，推算年代。其二是以乾坤兩別卦象徵太極，其陰陽十二爻相間排列以納十二地支。以地支分組佈於四方以代表四季十二月，然後每方納七個星宿，構成圓形爻辰圖。「爻辰」說中的星辰與爻位的對應關係，是象數推衍的結果，它不以科學觀測為基礎，只是為漢《易》披上迷人的科學外衣。

孟京易學藉助於當時的天文、曆法講《周易》，反過來又對天文曆算起了重要的影響。在此以前，戰國鄒衍創立的陰陽五行學說是天文曆法的理論根據。孟京的卦氣理論創立後，天文曆法就採用卦氣說來研究，解說星象和曆算。漢以後，天文曆法就採用卦氣說來研究，解說星象和曆算。

孟京的卦氣說成為古代曆法的重要組成部分，許多曆書都運用卦氣說來解說曆法。如東漢末年的《乾象曆》、北魏的《正光曆》、唐《開元大衍曆》等。漢代著名學者張衡、王充、僧一行都對卦氣理論給予了肯定，強調卦氣說對制定曆法、觀測天文的天文曆法學的理論指導意義和方法論意義。

陰陽平衡的中華醫學養生學

《周易》的核心是「一陰一陽之謂道」，陰陽對立統一推動事物的變化發展。我國古代中醫學全面參照和吸收了《周易》這一思想精髓和思維方法。可以說，沒有《周易》就不可能有中醫基本理論的形成。中醫學是建立在《周易》的陰陽理論基礎上的中華醫學理論。所以，「不知《易》，不足以為太醫」。

《黃帝內經》是中醫學的奠基性著作。正是在這部著作中，作者以《周易》陰陽學說論述人體結構、生理功能、病理變化、施治方針。該書指出「人生有形，不離陰陽」，把人體組織結構劃分為相互對立的陰陽兩部分：人體外部屬陽，人體內部屬陰；人體上部屬陽，下部屬陰；背屬陽，腹屬陰；四肢外側為陽，四肢內側為陰等。並把每一臟腑的功能也區分為陰陽兩方面，如心陰心陽，腎陰腎陽等等。《周易》認為世界萬事萬物都處於陰陽相互依存和陰陽消長平衡的關係之中，陰長陽消或陽長陰消都不能超過其極限，「三人行則損一人，一人行則得其友」，「物不可以終盡，剝窮上反下，故受之以復」（《易傳》）。這一觀點和方法，在《黃帝內經》中用作為臨床施治的根本方針。人的正常生命活動是以陰陽協調平衡為前提，陰陽一旦失去平衡或稱陰陽失調，則人體正常平衡狀態遭到破壞，陰陽偏盛偏衰都會導致疾病的發生。「陽虛則內寒，陰虛則內熱」，「陽盛則熱，陰盛則寒」，寒熱病證均為陰陽失調所致。

《內經》還認為機體陰陽任何一方虛損到一定程度，必然導致另一方的不足，「陽損及陰，陰損及陽」，最終會造成「陰陽兩虛」。機體一旦陰陽兩虛，「陰陽離決」，那麼，生命就會終止。

陰陽失調既然是疾病發生發展的根本原因，因而在臨床診斷中就要辯證施治，「善診者，察色按脈先別陰陽」，只有分清陰陽，才能抓住疾病的病因，無論望、聞、問、切，都莫不以先別陰陽為首務，分清陰陽虛證後，再確定治療方案，治療的目的也是調節陰陽，恢復陰陽的相對平衡。

漢代是漢《易》大發展時期，也是我國古代自然科學發展的興盛時期。《周易》的世界觀和方法論隨著解易說易演易的盛行而得到廣泛傳播。正是在易學的啟迪下，人們加深了對自然界的認識，促進了自然科學的發展。

《黃帝內經》本是道家黃老之術，但書中大量引用了《易傳》經典論點，以此為醫學理論根據。《黃帝內經・素問》以乾坤卦彖文和繫辭立論，以陰陽說解釋生理現象、解釋疾病成因，並以陰陽相互依存的法則來論證如何進行疾病治療。按照陰陽對立統一規律，解釋生理、觀察病理，對疾病辯證施治的中醫學理論是世界醫學中的一大流派，其影響早已超越中國範圍，其理論精華也越出了治病醫療樊籬而成為人們養生健身的基本原則。

東漢醫學家張仲景創立的中醫六經理論是中華醫學的重要組成部分，千百年來一直成為中醫臨床理論的基本支柱，有與《黃帝內經》齊名之譽。六經學說即三陰三陽學說。六經指厥陰、少陰、太陰、少陽、陽明、太陽，表示三陰三陽六種象。也就是人體六種生理和病理狀態。如太陽，指體表高熱，陽氣盛大的「太陽病」；陽明是陽氣內外俱亢，身體內外高熱，此謂「陽明病」。六經是六象，是把人體無窮變化的證狀抽象成既相區別，又相聯繫的六象系統。六經與《周易》的象數觀念密切相關，三陰三陽組成六經，就是來源於八卦之象。它根據易卦六爻成象、變化無窮的思想，從而提出中醫六經的辯證綱領。

中醫學的基本概念均來自源於《周易》。《易》稱八卦，中醫有八綱、八法、八陣、八虛、八風；《易》有太極，中醫稱其為精、氣、神。「天地之氣，合之曰人。」（《內經》）中醫六經把人體看作是一團完整的氣，它既包括有形的生命物質，又包括無形的生理機能，氣是人體的「神」、「神無方而易無體」，這看不見的「神」主宰著人體生命。「調陰與陽，精氣乃光，合形與氣，使神內藏。」（《內經》）陰陽相合產生精、氣、神，於是生命就有了根本。這些概念均是《周易》理論的推廣與應用。

《周易》的象、數、理、時、氣諸原理都滲透到中醫理論之中，並在歷代中醫大師的理論中得到發展。對此，明代中醫大師張景岳（一五六二—一六三九）明確

指出「醫易同原，同此變化也。」（《類經圖翼・醫易義》）

漢易的象數學派重視陰陽六爻的象數變化，試圖從六爻之變化推斷一切自然現象與社會現象的聯繫與變化。漢易的象數學對當時的中醫學影響很大。當時的醫家認為天下之象既然可以從數上而定，那麼人體自身及百病之象，亦可以從數上考察。按此思路，提出「六經」學說。

所謂「六」則是藉取《周易》八卦中的六爻之六。東漢張仲景在注解傷寒論時指出：「是故冬至之後，一陽爻升，一陰爻降也。夏至之後，一陽氣下，一陰氣上也。斯則冬夏二至，陰陽合也；春秋二分，陰陽離也。陰陽交易，人變病焉」，「病發陽者七日癒，發於陰者六日癒，以陽數七，陰數六故也」。（《成無己・注解傷寒論・傷寒例篇》）從這段論述中可以看出，張仲景是用《周易》象數理論來論證「六經」的。八卦六爻之象數，「七日來復」之義理，無不體現在傷寒論篇中。

古代中醫還根據《周易》天人相感原理，將臟象學說與太極圖原理結合起來，構成一人體結構模式。這一模式將人體五臟六腑統統形象化，「合人形以法四時五行而治」。認為肝主春，心主夏，肺主秋，腎主冬，把人的臟腑與四時聯繫起來。

在人體結構圖中，甲為膽，乙為肝，丙為小腸，丁為心，戊為胃，己為脾，庚為大腸，辛為肺，壬為膀胱，癸為腎，每一臟腑各有定位，與天干地支相連。臟為陰而居外，腑為陽而居內，外陰內陽呈交感之狀，正如坤上乾下的天地交泰，互相感通那樣。陰陽交感，則人體機能平衡協調，身心健康；反之，陰陽不交，陰陽離散，則生命垂矣。把人體結構模式化、形象化，使得太醫能根據臟象太極圖來制定人體內部病變情況，從而利於辯證施治。

養生和氣功也屬於中華醫學的寶貴財富，在我國有著悠久歷史。其發展也與《周易》理論分不開，都受到《周易》思想的深刻影響。在養生和氣功領域，中國處於世界領先地位，一直為世人所矚目和稱道。融天、地、人三道於一體的《周易》同養生氣功之術是相連相通的。明代大醫師張介賓對人體養生與易道之間的內在聯繫作了深刻說明，他說：「天地之道，以陰陽二氣而造化萬物；人生之理，以陰陽二氣而長養百骸。《易》者，易也，具陰陽動靜之妙」。他稱天地之易為「外易」，身心之易為「內易」，天地身心，內易外易，都是「一陰一陽之謂道」，陰陽二氣互相平衡，彼此調和是天地萬物之規律。天地交感，陰陽感通則萬物化生，同樣，人體內部如果像天地陰陽那樣處於交感姿態，能調和人體中的陰陽二氣，必然產生人體功能變化，形成新的力量，促進人體健康。

人體陰陽兩種力量平衡協調，為什麼有助於人的身心健康、祛病強身和延年益壽呢?這是因為，人體是由許多陰陽對立的雙方構成的一個複雜系統，如細胞有紅細胞和白細胞之分，正常細胞中可分為環狀腺嘌呤核苷酸和環狀鳥嘌呤核苷酸這兩種相互對立物質。這兩種物質保持平衡，就能共同完成生理調節功能。如果鳥嘌呤升高顯陽性，身體就會產生病變，而要控制病變就須用藥升高腺嘌呤水平，使其呈陽性，以抑制後者，從而保持陰陽平衡，細胞還具有原料輸入與產品輸出、養料吸收與廢物排除、食物分解和蛋白質合成等對立性質的功能。沒有這些對立功能的平衡協調，就沒有生命的存在。人體許多功能都是對立面的統一體，營養物質的同化與異化，肌肉的收縮與舒張，神經的興奮與抑制，體溫的產生與散發，血液的凝固與反凝固，免疫系統的抗原與抗體等等，都是矛盾對立的兩方面功能，這些對立面具有陰陽對立性質，對立面雙方互相依存，有機統一。如果統一體破壞，對立面不能協調平衡，人體機能就會遭到破壞。

養生學特別注重「天人相應」這一養生原則，提倡順應自然，遵循自然規律，掌握四時變化，有天地萬物，然後才有男女，人類是自然的產物，人的生命源泉取之於自然界。因此，《周易》指出：「夫大人者，與天地合其德，與日月合其明，與四時合其序，與鬼神合其吉凶。先天而天弗違，後天而奉天時。」人只要和自然界相協調，做到「天人相應」，就可以健康長壽。

我國古代醫書《內經》就是根據這一原理，提出「和於陰陽，調於四時」，「處天地之和，從八風之理」的養生原則。同自然時間節律性一樣，人體生理活動也有規律性和時序性，現稱之為「生物鐘」。人體溫度之升降，情緒之高低，呼吸之快慢，智力之強弱和其他許多生理周期變化，無一不有時日、月份、年際的節律變異性。呼吸是日快夜慢，血壓是晨低晚高，甲狀腺的分泌功能冬強夏弱，如此變化表明人體生理現象與自然時序緊密相連。

對此，古代養生理論提出了要依四時萬物生、長、收、藏的節律養生祛病。全面探討了人體生理、病理變化與太陽的運轉、月球的盈虛、晝夜的更替、季節的循環等自然變化之間的相應關係。指出要「天人相應」，而不能「天人相忤」。例如，《黃帝內經》的《素問》篇，就要求「與四時合其序」。人們須順應春溫、夏熱、秋涼、冬寒的「四氣」變化特點，調攝精神，達到養生防病之目的。春天的養生之道是遲睡早起，早晨宜於鬆緩衣冠，舒展形體，使人精神活躍於春意盎然之中，否則就易傷肝損氣，易患風寒；夏天氣候炎熱，人們應晚睡晚起，保持心境愉快，使體內的陽氣宣泄於外，不然就會心氣鬱積，易得疾病；秋季人們要早睡早起，保持安逸寧靜，收斂神氣而勿外露，這樣會使肺氣強勁，增強對嚴冬的適應能力；冬季要早睡晚起，保養精神，恪守陽氣，避免受寒，以待日光。

人們只要與四時相適應，不違反自然規律，就會延年益壽，身心健康。如果不顧日月運行之規律，顛倒日作夜息之次序，任性而為，「天人相忤」，就會生理功能紊亂衰退，疾病纏身，未老先衰，身虛短壽。

我國古代養生學還強調「養德」，保持心理健康和精神愉快。《周易》裡面蘊藏著人的精神狀態要與人的形體相統一的思想。人不但要與天時合序，天人合一，而且還要形神合一，良好的精神狀態可促進人的身體健康。《周易》這一思想在古代養生學中得到具體的應用和證明。「養生在凝神，神凝則氣聚，氣聚則形全，若日逐擾擾憂煩，神不守舍，則易於衰老。」（《醫鈔類編》）「喜怒不節，生乃不固」。「怒傷肝，喜傷心，思傷脾，憂傷肺，恐傷腎。」（《素問・陰陽應象大論篇》）諸如此類的種種論述，都說明人的精神狀態與人的身體功能互為影響。人的精神如果劇烈波動，就會誘發病痛，「無妄之疾，勿藥有喜。」（《易經・無妄》）；而心情坦然，寧神靜養，有助於病體早癒。總之，人的生理心理必須相應協調，養生必養德，才能真正做到身心健康，益壽延年。

氣功是古代養生的重要方法，練氣功不僅能祛病延年，強健身心，而且能增強人的感覺機能，萌發釋放潛在的人體能量。千百年來，氣功在我國已形成了一套獨特的理論結構，其理論主要是由天人合一的整體生命觀理論、精氣神三位一體的內臟相關理論，經絡理論，陰陽五行理論，天干地支理論等構成的學說體系。氣功鍛鍊方法是內求法，這一方法類似《周易》反求諸己，窮理盡性的體驗方法，是通過運用內向性意識的鍛鍊來提高人體的身心機能。

氣功學說把自然界、人類社會和人的精神世界的各個不同層次和過程統一起來。這個統一的世界也就是八卦所代表的宇宙萬物，即宇宙全息統一場。整個宇宙都在全息統一場中得到和諧的統一，人與宇宙在這種場的交感中實現了融合。氣功呈現出來的各種奇異功能是人的意志作用的結果，其內在機制雖然不很清楚，但人與自然發生的感應關係則是肯定無疑的。氣功修煉是由靜而動，習靜養氣，正如《繫辭傳》所描述的那樣：「《易》，無思也，無為也，寂然不通，感而遂通天下之故。」氣功通過意守丹田的靜修靜養而達到天人合一之境。

八卦模式的數學和建築學

中國歷史上，大凡精通八卦的人都有數學計算的傑出才能，不精通數學知識也就不能精通八卦。因為八卦的筮法是一種複雜的數學計算，八卦學說的產生是與數學計算活動有密切聯繫的。太極生兩儀、兩儀生四象、四象生八卦，八八六十四卦，每卦六爻，共三百六十四爻，這就是數學中的重複排列：$2^2=4$（四象），$2^3=8$（八卦），$2^6=64$（六十四卦）。

《易傳》還認為八卦筮法是通過算出九、八、七、六四個數確定卦形，九代表陽爻，六代表陰爻，用奇偶二數解釋筮法和卦象的形成。古代的數學家和易學家都認為伏羲畫卦是我國數學的起源，而且都認為陰陽學說是數學原理的本質核心。一切數學問題均可用《易》理加以解釋說明。「觀陰陽之割裂，總算之根源。」①我國第一部算經《周髀算經》就談到數、易同源，並引用《周易》觀點論述算經。漢代趙爽以「一陰一陽之謂道」解釋《周髀算經》中的勾股定理，將勾三、股四、弦五解釋為「因奇偶之數，以制其法」，「配陰陽之義」。宋代易學家邵雍（一〇一一—一〇七七）、陳摶都以象數而著名於世，其易學被稱為數學。他們把奇偶二數作為「天地之正數」，認為一切數和一切象，都是從奇偶二數推衍出來的，並把六十四卦象納入奇偶二數排列組合的系統，以奇偶二數作為畫卦的基數。這一思想潛在著現代計算機使用的二位進制數學萌芽。

萊布尼茨就是在這一思想的啟發下發明二進制的，認為六十四卦的排列是把六十四卦用二進位法寫出來。如果把陽爻當作一，陰爻當作零，自下而上地將三爻寫成三位數字，其結果如表四：

（三畫卦相重為六畫卦，其二進位符號仍可寫出來的，如泰卦䷊，可寫為111000，否卦䷋，可寫為000111。）

表四

卦	符號	二進制
乾	☰	111
坤	☷	000
震	☳	100
巽	☴	011
坎	☵	010
離	☲	101
艮	☶	001
兌	☱	110

①劉徽：《九章算術注序》。

萊布尼茨對八卦評價很高，為此還專門同康熙皇帝通過信，將八卦稱之為世界最神秘的發現之一。當今天有人認為八卦就是一部電子計算機，八卦學說包括了當代電子計算機的主要特性，其易數的運算、易理的邏輯、易象的貯存記錄都與電子計算機功能有相似之處。《周易》與計算機好像結下了不解之緣。

我國古代建築也深受《周易》思想觀念影響。《周易》中的「天人感應」、「天尊地卑」、「得中重時」等基本思想滲透到古代建築觀念和建築格局中。無論是都城皇宮，還是百姓住宅，大凡興工動土，都要察看地形，看它是否得風水，然後擇宜土、避凶地。相地術即看風水在古時非常盛行。我國歷史最早的先秦文獻就有許多相地術方面的記載，商周時期已將「相地」作為建築的必需步驟。

《尚書・盤庚》記載商王盤庚遷都於殷的理由：「天其永我命於茲新邑」，把遷都於殷看作是天帝授命。周成王營建洛邑三次，每次都通過占卜來相地相宅，卜得吉兆後再來營建。秦漢之際相地之術摻雜了陰陽八卦，陰陽五行學說中的荒誕迷信成分，把相地與觀天結合起來，使相地術成為迷信術。

東漢的王充（二七－九七）在其著名的《論衡》中就談到宅地與人事的相互關聯。認為興建宅舍，應該避諱，要選擇風水寶地而不能在「太歲頭上動土」。他說：「一曰諱西益宅，西益宅謂之不祥，不祥必有死亡。相懼以此，故世莫敢西益宅。」（《論衡‧四諱篇》）向西擴建宅室被認為是最大的禁忌和不祥，此後，人們便將西看作是凶相，諱西就成了相宅的一條原則。

古代相地術重視察看山水走勢，講究建築物的方位、向背、排列結構，同時，注重「氣」。把《周易》的陰陽之氣、剛柔之氣同地勢方位聯繫起來，將「氣」同「形」、「勢」並列為相地三要素。認為山氣剛，川氣柔，「剛柔相蕩而地道立矣」。故古人常把依山傍水之地作為修築陰宅墓穴、陽宅村邑房舍的理想之處。

即使近代，也有些農村人非常看重村前村後的「風水林」，因而樹林喬木同河流一樣，能「藏風得水」，保持生機，如果濫伐「風水林」就會「生氣逃逸」，村邑衰敗，人丁不興。

濫觴於《周易》的相地術，歷史悠久，深入民間，它所體現的易道精神，對中國建築風格形成有很大的範導作用。我國古代最基本的住宅是四合院，以院為中心，四周以屋舍。庭院既是采光日照通風之處，也是通道和活動中心，整個建築呈現出封閉性、內向性特點，高牆深院，重重屏障。大到皇宮城池，小至平民宅邸，都大致如此。這種平面展開，以院為單位，由房舍、牆垣圍成院的建築格局，是

《周易》天人感應，人神一體的思想寓意的寫照，是內向性思維的結果。

《周易》的陰卑陽尊思想對古代建築設計也有著明顯影響。按古人習俗，居中面陽（南）為尊，面東西者次之，面陰（北）者則顯卑。在建築設計時，特別重視位置方向，往往取背陰向陽，座北朝南方位。古時的王宮、衙署、壇廟、佛寺都以向陽面南為正，大多數百姓民宅也都是座北朝南，以顯尊嚴，宮庭殿宇的佈局嚴格以陽尊陰卑原則排列。例如北京故宮，座北朝南，南北中軸線上主要是宮殿、宮門，供皇帝所用，嬪妃大臣則置於中軸線兩旁。天安門、午門、太和門、三大殿、乾清坤寧兩宮、神武門、地安門處在同一南北軸線上，軸心是太和殿。故宮的建築結構，體現了《周易》陽尊陰卑、天尊地卑的思想觀念，皇帝是天，是陽，因此要置於故宮的中央，只有這樣才能突出皇權的至高無上地位。

以《周易》為代表的儒家學說是中國古代建築的指導思想，住宅設計皆按君臣父子、長幼有序的倫理原則進行，正房或上房是長輩之尊位，偏房或廂房為晚輩之所，界限分明。宮院衙府、豪門邸宅的設計都有不同，等級森嚴，不同等級的人其宅室高低、形狀、顏色、圖案等都有差別。由於這種區分相沿成習，使得中國古代許多建築都是墨守成規，終年不變，處處似曾相識，缺乏創造性和吸引力。

第七章　《周易》思維與傳統文化

中國傳統文化一般是指中國古代文化。中國傳統文化包括哲學、宗教、科學、文化藝術、政治思想、法律規範、倫理道德等諸多內容。從表面上看，中國傳統文化林林總總、方方面面，零散而無序，但從精神實質上看，中國傳統文化卻是一個人文主義的精神實體，是在以《周易》為源頭的儒家思想和思維方式規範培育下的精神之花。

中國傳統文化精神

中國傳統文化的精神是什麼？現在並無一致意見，有多種概括：

(1)中庸。宋明理學提出中國文化的道德就是「中」，「人心惟危，道心惟微，惟精惟一，允執厥中」。從歷史上看，中華民族的先人們一開始就有「中」的觀念。《周易》闡發了這一觀念，推崇執中，時中，孔子則明確提出中庸之道。從堯舜開始，這一思想就一直流傳下來，對世人影響深遠。所以，中庸應成為中國傳統文化之精神。

(2)禮。中國素有禮儀之邦之稱。中國人把文化的重點放在人倫關係上，君臣有禮、長幼有序、夫婦有德、父有慈、子有孝、兄弟恭，各有義務，各守其道，此為禮。把禮當作處世之道。

(3)天人協調。「大人者，與天地合其德」，天與人之間存在著交感關係，天人相通相感，合二而一。人心是自然的體現，人心就是一個小宇宙，「盡心知性」可以知天。這是一種內在超越，人不是從現象以外，外部世界去尋找價值標準，而是到內心裡面去尋找真、善、美。這種內在超越是中國文化的核心。

(4)剛健有為。《易傳》說：「天行健，君子以自強不息」，天運行不息，稱之為健，人應效法天的「健」而「自強不息」。自強不息就是奮力前進，永不停息。自強不息精神激勵中國人不斷探索，不斷把中國文化推向前進，使古代中國成為世界四大文明古國之一。這是中華文化史上的重要歷史事實。

以上這四種概括，側重點各有不同，但在人這個問題上，看法是一致的，都強調人的地位和作用。如果將這四個方面綜合起來，進行更抽象的概括，人文主義就是中國傳統文化的精神。

人文主義是借用西方的說法。在西方十七世紀，新興資產階級以人權反對神權，以人道反對神道，強調人的解放，強調人的尊嚴，強調人的民主自由。歷史學家將這一歷史運動稱為人文主義運動。

在我國歷史上，並沒有明確的人文主義提法，而只是提出「仁」。《周易》把「仁」當作人的根本，「立人之道曰仁曰義」。中國人講「仁」，實際上是講做人道理，突出人的社會意義。這和西方人文主義突出個體是不一樣的。中國人講「仁」要比西方人文主義早兩千年左右。

孔子是被中國儒家奉為至聖先師的「聖人」。他的一生追求的是一個「仁」字。「克己復禮，天下歸仁焉」，其「仁」說是以人為本位，尊重人道，實際上是一種哲學人類學。「仁者，人也」，「仁既有仁愛之意，也有人禽之分、人獸之別之意。

中國儒家文化提出的仁學，涵蓋寬廣。從範圍上看，它涉及到哲學、宗教、美學、倫理、道德、政治、法律等領域；從層次上看，它包含有身、心、靈、神四大層次問題。然而，仁學的核心還是道德的人本主義或倫理關係中的人本主義。它把「人」放在一定的社會關係中，並由人的各種不同角色來論述，論證人的責任和義務，要求每個人在他們各自所處的社會關係中發揮作用，實現其價值。

君臣、父子、夫婦、兄弟、朋友是人與人之間的最基本的「五倫」關係。在這種關係中，「君義臣忠」、「父慈子孝」、「夫唱婦隨」、「兄讓弟恭」、「朋友互信」，只有這樣，才能使社會和諧統一，達到大同世界。

孔子認為，仁義禮智信是調整人與人之間關係的基本原則，稱之為「五常」。「仁者人也，親親為大。義者宜也，尊賢為大。親親之殺，尊賢之等，禮所生也。」（《中庸》）孟子在說到仁義禮智信的規範作用時說：「仁之實，事親是也。義之實，從兄是也。智之實，知斯二者弗去是也。禮之實，節文斯二者是也。」（《孟子・離婁》）仁、義、禮、智、信被認為是人的美德，是善，並把它同天地之理聯繫起來，把「人道」等同於「天理」。因為，在「理」、「道」這一層次上，天人是合一的。而要達到這一層次，需要人心體驗、心靈感通，方能「窮神知化」。

「仁義」之道被稱為君子之道。體驗此道就是人的德行修養，只有君子可以做到，小人則做不到。「君子而不仁者有矣夫，未有小人而仁者也。」（《論語・憲問》）也不是每一君子都能達到仁的標準，但小人是絕對沒有行仁的。所以，仁與不仁是君子與小人區分的嚴格界限。

「一陰一陽之謂道，繼之者善也，成之者性也。仁者見之謂之仁，知者見之謂之知，百姓日用而不知，故君子之道鮮矣。」（《繫辭上傳》）「一陰一陽之謂道」的「道」即是君子之道。只有君子善於以仁與義的態度解決自身與社會兩者之間的關係問題。

「孔子貴仁」，仁是他的思想核心，孔子提出「仁者愛人」的命題，並指出行仁的方法和途徑，「夫仁者，己欲立而立人，己欲達而達人。近能取譬，可謂仁之方也。」（《論語・雍也》）「己所不欲，勿施於人。」（《論語・衛靈公》）這些為仁之方，都是從人的本性（善）出發，把人的尊嚴建立在人的同情感、責任感和道德感基礎上。不行仁，沒有同情、互助、關心，則不能建立起和諧的社會秩序，人的尊嚴也體現不出來。因此，孔子論「仁」主要是從道德原則出發，把仁看作是最高的道德規範，是立人之道的根本。

孟子則把仁、義、禮、智四種道德觀念確立為人的內在本性，由內在本性發出

「四端」，即惻隱之心、羞惡之心、恭敬之心、是非之心四種道德情感。惻隱之心仁之端，羞惡之心義之端，恭敬之心禮之端，是非之心智之端。這「四端」即是人人生來就有的道德理性的萌芽。「四端」需要內心的自我體驗，從而擴充發展為「四性」。孔孟之道是儒家學說的根本內容，「仁」則是儒家理論的核心，反映孔孟之道的中國傳統文化，也體現出「仁」的道德原則，表現了以「仁」為核心的人文主義精神。

儒家學說是《周易》理論的深化。《周易》沒有直接講「仁」，主要講聖人之道，講聖人與天地合一，講聖人的品德與修養，但仍是以人為中心，強調人的能動作用。《繫辭傳》對聖人的品德與作用作了如下論述：「與天地相似，故不違；知周乎萬物而道濟天下，故不過；旁行而不流，樂天知命，故不憂；安土敦乎仁，故能愛；範圍天地之化而不過，曲成萬物而不遺。」聖人具有廣博知識和高尚情操，就會樂天知命，敦厚仁愛，通達大度，以至於能「財成天地之道，輔相天地之宜」。「先天而弗違，後天而奉天時。」（《易傳》）這些論斷既承認自然的客觀規律，也肯定人類的主觀能動作用。人發揮自己的能動作用，就能「與天地合其德，與日月合其明，與四時合其序，與鬼神合其吉凶」。

《周易》強調人的能動作用主要是強調人的道德修養，要求人以德感天。君子之德就是仁義禮智。《文言傳》即把乾卦的元亨利貞解釋為仁義禮智，把仁義禮智看作是君子的形象。認為仁義禮智是當時的時代精神、精華。

由上可見，《周易》與孔孟之道的儒家理論是一脈相承的，其理論重點都是以人為中心。在天人關係中認識人的意義和作用；在道德倫理關係中討論人生修養和人生境界；在人的各種社會關係中突出中國傳統文化的人文主義精神。

中國古代人文主義精神不像西方人文主義精神那樣建立在個人利益基礎上，追求的不是個體自主性和個人權利，而是建立在群體的道德觀基礎上，追求天和人的統一性。人對道德追求的主動性和自覺性只是一種沒有認識自己獨立性下的自覺性和主動性。所以，這種人文主義精神在思維方式上表現為求統一的思維方式和情感思維；在政治上表現為大一統的封建意識形態和道德倫理關係。

保民敬德的封建政治文化

《周易》思維方式基本上是一種整體性思維，一種認知思維習慣。按照整體思維原則，《周易》闡述了「聖人感人心，而天下和平」的君主政治思想。它用自然變遷規律比附人世治亂規律，鼓吹君主「受命於天」的聖人觀和臣民服從於天的畏聖規範。《周易》政治思想經過儒家的闡釋和發展，逐步形成為影響中國兩千多年的封建政治意識形態。

《周易》形成於西周。《周易》卦爻辭基本上是周文王、武王、周公、成王興周滅商，即從奴隸制向封建制過渡的歷史進程的記錄，商滅周興的巨大歷史變革，使人們深感「天命不易」。「皇天無親，惟德是輔。」（《左傳・僖公五年》），因而提出以德修政，「聿修厥德，永言配命，自求多福。」（《詩・大雅・文王》）。而《周易》處處突出「德治」思想，時時告誡人們要記住殷之亡的教訓。《繫辭下傳》說：「《易》之興也，其於中古乎？作《易》者其有憂患乎？是故履，德之基也。謙，德之柄也。復，德之本也。恆，德之固也。損，德之修也。益，德之裕也。困，德之辯也。井，德之地也。巽，德之制也。」

這裡舉《周易》中的履、謙、復、恆、損、益、困、井、巽等卦為例，說明君子應如何身處憂患，反躬修德，履德行政的道理。履卦是說修德的第一步要踐履，即要在實際行動中下功夫；謙卦是說要謙退，處患之時切勿矯亢自大；恆卦是說修德要有始有終，恆常不變；困卦是說只有在困境才能看出人的德行深淺；井卦是說修德就像井那樣居而不改，有德施以及人；巽卦是說君子行德要深入其中，用心裁度，既順時制宜，又不隨流合污。

上述所舉卦例，皆是告誡君子要以德治天下，而不能像殷紂那樣濫施暴政。時時憂患，謹慎從政，從而確保周朝江山萬世一統。

《周易》通篇都講憂患意識，戒慎戒懼的思想幾乎貫徹六十四卦始終。君子當有識於此而有所不忘，對天下國家治亂存亡之大事要安而不忘危，存而不忘亡，治而不忘亂。統治者要達到長治久安，就要以民為本，對民要謹慎寬容，「見善則近，有過則改」、「反身修德」、「恐懼而豫防之」（《彖傳》）。

《周易》政治思想的重要內容是「敬德」、「保民」，強調寬宏容民，以德服民。在《周易》卦爻辭中，強調以民為本，主張實行寬和政策的論述很多。這些論述還表現出反對暴虐、同情民眾、尚賢用賢、為政自治用明、治民用晦等進步思想。例如剝卦，在談到小人與君子之間的關係如何調整問題時說：「君子得輿，民所載也」、「上以厚下安宅」。（《彖傳》）

剝必始於下，陽被陰剝，「不利有攸往」，下剝則上危。觀剝之象，統治者應該厚下，恩加百姓，施於仁治。只有如此，才能「安宅」，保證自己的統治。又如臨卦，「象曰：澤上有地，臨。君子以教思無窮，容保民無疆」。

臨，是天子諸侯君臨國家，統治人民的意思。如何統治？從臨卦中得出的結論是要教民、保民。主張採取道德教化的辦法感化人民，反對以暴力刑罰來治理國家，即以德服民。臨卦的表示是，土地是寬厚的，它以自己博大的胸懷，給水以廣闊的居處，使之成為受包容受滋潤的澤。人君應當像土地那樣對民大度包容，寬厚為懷。否則，民將像水決堤壩那樣沖垮它，淹沒它。

《周易》的其他卦也論述了這一道理。「師，君子以容民畜眾」。「蠱，君子以振民育德」。「井，君子以勞民勸相」。「漸，君子以居賢德善俗」。這些都說明《周易》具有民本主義的政治思想。

這一思想在孔子、孟子論述中得到更臻於完善的說明。孔子說：「為政以德」、「道之以政，齊之以刑，民免而無恥。道之以德，齊之以禮，有恥且格」（《論語‧為政》）。孟子對民本主義思想概括為：「民為貴，社稷次之，君為輕。故得乎丘民而為天子。」（《孟子‧盡心下》）

當然，《周易》是為君子謀而不為小人謀。以民為本，只是由於民心可畏。如果不順乎天應乎民，不去小心慎重地解決好百姓民眾問題，就會導致君王統治覆亡，所以，君王要以民為本，以德修政。

《周易》政治思想的另一重要內容是君尊臣卑的等級觀念。殷周時期，周貴族戰勝殷貴族，建立了西周奴隸主政權。作為統治階級，周貴族敬德保民，以維護王權統治權的穩固性和永久性。同時，還需要利用君尊臣卑的等級觀念論證其統治的合理性、合法性。在治理國家的政治活動中，君王、天子、諸侯是主體，居支配地位，下屬諸臣只是君王的附庸。至於庶民百姓，只是小人，根本無權從事國家政事。《周易》六十四卦是乾卦居首，象徵君王之位，坤卦居次，象徵臣位。乾尊坤卑即天尊地卑，決定了君尊臣卑的君臣關係。

《繫辭傳》開宗明義地說：「天尊地卑，乾坤定矣。卑高以陳，貴賤位矣。」乾的性質是健，坤的性質是順，坤順乾。健意為天體永不停息地運轉，不借助其他力量而自動運行，沒有什麼力量能夠阻止它，改變它。因為，乾坤兩卦是一種主從、唱和、動靜的關係。坤卦的一切特點都是順著乾的特點而產生，坤的活動都是在乾的影響下進行。雖乾坤合德，方能萬物化生，但乾在創生萬物的過程中佔主導地位，起主導作用。

坤卦六三爻辭明確指出乾坤是主從關係：「含章可貞，或從王事，無成有終。」是說坤含晦不露，隨時準備為乾效勞而不居功。這就把坤道釋作臣道。坤卦上六爻辭：「龍戰於野，其血玄黃」，君是玄色，臣是黃色，玄黃不能混雜，君臣的尊卑界限在任何情況都不可混淆。君尊臣卑的等級觀念在六十四卦中都有表現，而且貫徹始終，經傳一致，是《周易》政治思想的中心內容。

《周易》的憂患意識、保民思想和等級觀念是儒家政治文化傳統的基本要素。在秦統一中國和漢武帝儒學為一尊之後，這些觀點得到歷代封建帝王肯定和青睞，成為治世圭臬和約束人們行為規範的金科玉律。正是在這一封建政治意識形態的指導下，古代中國逐漸從諸侯割據走向多民族統一。大一統的社會要求統一、集中。這就需要儒家的精神力量。以儒家經典和思維方式明天道，正人倫，以德治天下。

我國歷史上的秦漢隋唐都是高度集中的中央政權。到了宋代，地方政府的權力進一步被削弱，財權、兵權都集中至中央。明清兩代廢除宰相，權力則集中到皇帝一人，中央集權成為皇帝的個人獨裁。

與此同時，儒家政治思想也進一步完善，等級觀念發展為「三綱」，即君為臣綱，父為子綱，夫為妻綱，強調君權、父權、夫權的統治地位。「三綱」是中國封建大一統社會權力集中的思想基礎，維護中國封建宗法制度有效的思想武器。

神道設教的宗教文化

《周易》的卦辭都表現了崇尚天命、迷信神權的特點，並提出王權神授，天子受命於天，「王用亨於帝」這一天命觀，以此來論證周王朝秉承天意、統治人民的合法性。這表明《周易》具有維護西周奴隸主統治的宗教性的政治傾向。

我國殷商時期，已經產生了高居於一切神靈之上，具有無限權威的最高神——天帝，使古代宗教由多神崇拜過渡到一神崇拜。殷王朝正需要這樣一個有無限權威的神來維護其統治的權威。但殷商對天帝的信仰，還只是當作消極、被動的祈求對象來崇拜，還沒有賦予它主動支配社會命運的神力性質。天意、天命的迷信觀念還沒有成為上帝的主要神性。周代開始，天帝被稱為天上帝，其神性較殷商時期有很大的發展，其權威提高了很多。天的權威表現在：

(1)具有直接派遣國王人君的權威，被上帝選定的受命者與上帝有著父子關係，所以國王稱為天子，使周朝統治權神聖化。

(2)天帝的神性與社會道德及社會政治制度結合起來，順從天意是宗教信仰的一般信條。周統治者利用這一點，把道德規範和社會制度也說成是來自天意。「凡禮之大體，體天地、法四時、則陰陽、順人情，故謂之禮。」（《禮記・喪服四制》）這裡的禮也就是德，不僅指社會道德，而且還包括政治制度、社會關係等規範。把社會道德政治制度和社會關係準則神聖化、天意化，也就是「神道設教」，用以維護王朝綱紀和內部團結。鑒於殷王朝滅亡的教訓，周代統治者重視德的天意化，強調上帝的天意是「惟德是輔」，只有明君才會得到神祇。所以，為君者必須「敬德」、「崇德」、「明德」、「顧德」、「用德」。如果君王不修德、不敬德，就會遭到上天的唾棄，其統治就會被推翻。

宗教迷信不僅表現在思想觀念上，而且還表現在相應的祭卜祀、禮拜儀式和占卜活動中。祭神拜祖，占卜吉凶，祈禱上天神靈保佑。《周易》原本是一部占卜用書，對事物吉凶的判斷和預測是通過算卦這一形式來進行。《周易》的思想觀念只有通過卦象符號才能得到說明，沒有卦象和卦辭的唯象思維和邏輯推導，就得不到吉凶判斷的結果。

更為重要的是，《周易》透過占卦而得卦理，增加了卦的神秘性。把人道與天道結合起來，以天命說明人事，賦予人事以神學性質。

《周易》崇尚天命，迷信神權。《易傳》用神秘的天命觀注釋《易經》，對卜占、卜卦進行神秘的解釋。「昔者聖人之作易也，幽贊於神明而生蓍。參天兩地而倚數，觀變於陰陽而立卦。」（《說卦傳》）依托於遠古神人的創造來提高《周易》的權威性和神秘性，《繫辭傳》也對分揲蓍策五十根以得兆的方法作了神秘的解釋，認為「天數五、地數五、五位相得而各有合，天數二十有五，地數三十，凡天地之數，五十有五。此所以變化而行鬼神也」。

實際上，這種牽強附會的解釋，不過是對卜占進行神學論證，藉此提高《易經》的神學地位和天啟作用。

《周易》的天命觀在卦爻辭中集中表現出來。例如乾九五：「飛龍在天」，大有九三：「公用亨於天子」，大有上九：「自天祐之」，明夷上六：「初登於天」，姤九五：「有隕自天」，睽六三：「其人天且劓」，中孚上九：「翰音登於天」，這些關於天的論述，都賦予天以神的意義，天成了一種人格神。天對人間善惡均有報應，賞罰分明，天網恢恢，疏而勿漏，人的命運逃脫不了天命的支配，隕滅由天。君王秉承天意，受命於天，故能得到上天保佑，無往而不利。人臣百姓只要能得到天的幫助和保佑，也能得吉，沒有不順利的。

《周易》既然崇尚天命，迷信神權，因此倡導「神道設教」，用宗教鬼神觀念教化百姓，陶冶靈魂。《周易》「神道設教」觀點是在觀卦裡提出的，「觀，盥而不薦，有孚顒若，下觀而化也」，這幾句是解釋卦辭的，意思是說，為君者在上面無聲無響地做出榜樣，盡誠盡敬地信仰神道，為臣為民者在下面觀看、揣摹，從中受到感化教育。天之神道是什麼？就是無言無語的自然界的運動變化。這些變化是人的意志不能左右，有時甚至是不能預料的。

天地陰陽，變化多端，奧妙無窮，但又「四時不忒」，極有規律，像有什麼意志在其中主宰，這就是神。天有神道而四十不差忒。為君者仿效天之神道，默默地崇天命，信神道，祭神拜祖，占吉問凶，君子做出榜樣，社會上行下效，百姓群起效法，從而達到觀感化物，以德服民。統治者做出榜樣，讓天下百姓從中得到教育並按此榜樣去做，這就是說教。因此，神道設教是以神為中心內容，以祭祀為主要形式，用自己的虔誠宗教行動表示對神道的衷心信仰，以感化臣民百姓，使其精神生活在不知不覺中被納入神的軌道。

由上所述，「神道設教」思想是《周易》首次表述出來的，它的主要特徵是強調天命，而孔子《論語》就有許多天命觀論述。

例如，「死生有命富貴在天」。（《顏淵》）「道之將行也與?道之將廢也與?命也」。（《憲問》）「獲罪於天，無所禱也」。（《八佾》）「唯天為大，唯堯則之」。（《泰伯》）「天下之無道久矣，天將以夫子為木鐸」。（《八佾》）「天生德於予，桓魋其如予何?」（《述而》）「君子有三畏：畏天命、畏大人、畏聖人之言。小人不知天命而不畏也，狎大人，侮聖人言。」（《季氏》）「不知命，無以為君子也。」（《堯早》）

孔子這裡的「天」含義主要是義理之天，是命運之天。天雖無形、無言，但卻以德與民為其「天命」的表徵，天應之於人，天命徵之於民心，人君只有敬德保民，才能直接與天交通，達到與天合一。也只有「以德配天」，才能成為真龍天子。孔子用天命來闡釋仁義道德理論，強調君子踐行，首先要做到「以德配天」，要用德行感召世人。

孟子則發展了孔子的天命觀，提出「盡心、知性、知天」的觀點，認為天最根本的屬性是道德性。合乎人的道德規範，也有是合乎了天意，人心、人性、天意是合為一體的。天所包涵的一切，也同時存在於人心，因此，盡心就能知天。

漢朝董仲舒精心構制了一個規模宏大的經學神學唯心主義體系。這一體系的基礎就是「奉天」、「法天」的天人感應神學目的論。在董仲舒看來，作為最高神的「天」，具有人的各種精神屬性，是至善的人格神，他說：「天亦有喜怒之氣，哀樂之心，與人相副」，「天有和，有德，有平，有威，有相受之意，有為政之理」。總之，人之性也就是天之性，天人合一，「天不變，道亦不變」，天之所以創造出人類，是為了實現天的意志。這樣，董仲舒就使儒家理論向神學化的方向轉變。

儒家把天的神性與社會政治制度及道德規範結合起來，要求人們順天應人，以達到修身、齊家、治國、平天下之目的。之所以如此，大概與《周易》提出的神道設教的目的有關。不僅儒家如此，其它各家學說也具有一定的宗教神學色彩。

漢武帝劉徹（前一五六—前八七）雖定儒學為一尊，實際上是儒、道、佛三家並駕齊驅，互相吸收、滲透。但就宗教觀念方面而言，不管是儒、是佛、是道，都體現出人文主義精神。

我國封建制度的本質是宗法制度。它強調血緣、親緣、地緣關係，社會關係建立在人身依附關係之上。由此而決定的宗教觀念中必然滲透有宗法意識和人文主義精神，強調修身養性，敬德保民，崇德利用。而所謂的「神道設教」正是在這種精神支配下的一個道德教化過程，用以來規範人們的行為，統治人們的精神世界。

崇德重禮的倫理文化

《周易》屬於儒家經典，其倫理道德觀點經儒家傳人的發揮，逐步形成中國特有的崇德重禮的倫理文化。

德和禮是《周易》中兩個重要概念、範疇。德表徵人的思想認識水平和文明程度。《繫辭上傳》說：「神以知來，知以藏往，其孰能與於此哉！古之聰明睿知神武而不殺者夫！是以明於天之道，而察於民之故，是興神物，以前民用，聖人以此齋戒，以神明其德夫。」這是說，人們一旦認識到天道人道之規律，就可以使思想認識水平達到神明的程度。又說：「極天下之賾者存乎卦，鼓天下之動者存乎辭，化而裁之存乎變，推而行之存乎通，神而明之存乎其人。默而成之，不言而行，存乎德行。」這段話是講人與《易》的關係，強調卜卦是否神明主要看《易》者自身素質如何，修養如何，即德行如何。

人們在用《易》時，對《易》的分析和體會所達到的深度不盡相同，見仁見智，只有諳熟易理、精通卦術，才能「神而明之」。要做到這點，不在《易》，而在於人，在於人的德行修養。德在易學中是對「道」之認識水平高低、個人素養高低的標誌。

禮是血緣關係的親疏差異和政治關係的貴賤不同而形成的等級制度，這種等級制度用一定的程式和儀節表現出來，就是禮。

《周易》對禮的形成作了說明，「有天地然後有萬物，有萬物然後有男女，有男女然後有夫婦，有夫婦然後有父子，有父子然後有君臣，有君臣然後有上下，有上下然後禮義有所措」（《說卦傳》）。人類真正脫離動物狀態走向社會文明的關鍵環節是一夫一妻的對偶婚制的建立。

《說卦傳》將禮的產生追溯到人類婚姻制度的起端，是有一定道理的。因為家庭是社會的細胞，社會關係的原始是夫婦關係，有夫婦關係後，才有父子關係，有父子關係後，人倫等級就出現了。君臣關係、長幼關係、朋友關係等都帶有上下、尊卑差別，由此形成整個社會的等級制度。

道德作為調整人們之間以及人與社會之間關係的行為規範的總和，並不是憑空想出來的。它是社會存在的反映，是由一定的社會歷史條件決定的。

《周易》是殷周時代的社會歷史條件下的產物。《周易》所提出的倫理道德觀念當然是反映我國奴隸制的社會道德、倫理觀念。《周易》表現出來的倫理道德觀念帶有當時社會的歷史特徵，例如，認為鞭打、賣買、屠殺奴隸並不是違反道德的行為規範。「升九二」和「革六二」爻辭說，用俘虜或奴隸來進行夏祭，可消災患，是吉利之兆。又如「恆其德，貞婦人，吉，無子凶」（恆・六五）。「夫徵不復，婦孕不育，凶」（漸・九三）。這是對婦女的道德規範，反映出奴隸制等級關係，對婦女行為有著強大的約束作用。

《易經》中還有許多有關維持社會秩序、保持人際關係的道德規範方面的記載，主要內容有：

(1)將盜竊看作是不道德的犯罪行為。「巽在床下，喪其資斧，貞凶」（巽・上九）。

(2)認為謙虛是人的美德。「謙、亨、君子有終」（謙・卦辭）。「謙謙，君子用大川，吉」（謙・初六）。「鳴謙，貞吉」（謙・六二）。「勞謙，君子有終，吉」（謙・九三）。「無不利，撝為謙」（謙・六四）。以上爻辭都是說只要以謙虛態度待人處事，就會「亨」、「吉」、「有終」、「無不利」。《易傳》發揮《易經》貴謙的道德觀念，並引申到天、地、人三才中去，從普遍意義上論證了「盈則損」、「謙則益」的道理。

(3)以節省為美德，如節卦卦辭：「節，亨，其節不可貞。」「節，上六」爻辭：「其節，貞凶，悔亡。」稱贊節省行為，以節省為美德，是吉，是亨，而奢侈浪費，視節為痛苦的行為則是惡行，結果必是「貞凶」、「悔亡」。

(4)提倡貴敬之德行，「有不速之客三人來，敬之，終吉」（需・上六）。「履錯然，敬之無咎」（離・初九）。這是說，對不召自來的客人，雖素不相識，也應恭敬禮貌，就像對待貴賓和熟客一樣熱情週到，對不同身份的人都以恭敬態度對待，乃是吉利的道德行為。

孔子繼承和發展了《周易》中的倫理道德規範，在我國歷史上首創了完整的倫理學體系，孔子把人與禮會、國家、宗族等關係，歸結為君臣、父子、兄弟、朋友、鄉黨等關係，提出一系列道德規範，作為處理相應倫理關係的道德準則，作為提高個人道德品質、道德風尚的準繩和道德評價的標準。

在孔子的道德規範中，「仁」是統率一切的，是道德的核心。其他規範諸如忠、孝、悌、信、恕等都是從「仁」這一根本點出發的，都是從不同方面表現「仁」。有了「仁」，做到仁人君子，就可以協調人際關係，正確解決人與社會的關係問題。孔子在強調「仁」是倫理道德核心時，還強調「禮」。仁是內在的道德品質，禮則是外在的行為規範。「克己復禮為仁」，一個人嚴格地依禮行事，就符合了仁的要求。

由上可見，中國傳統文化有崇德重禮的特徵。德和禮是互為表裡的。禮作為等級名分制度需要一定的道德規範來維持。家國一體的封建家法制度是建立在血緣親緣關係的基礎上的，維護家法制度則應提倡忠孝慈友悌等道德要求，故以「德」治為主。

人們如果能「盡倫」，即盡忠、盡孝、盡義、盡友悌等道德義務，就可以正人倫，修己身，君臣、父子、夫婦、兄弟、朋友等社會等級制度就安然如固。亙古如斯，最終自然就會實現「天下如一家，中國如一人」的大同社會。

形神合一的藝術文化

有著數千年優秀文化傳統的中華民族，在文學、繪畫、音樂、雕塑、建築、舞蹈等藝術領域，曾取得璀璨奪目的成就。這些遺產獨具一格，在世界文化史上占據重要地位。中國古代文學藝術作為中國傳統文化的瑰寶，其形成和發展頗受易學中的思想觀念和思維方式的深刻影響。

《周易》的天人合一、形神合一、陰陽和諧、剛柔統一等思想觀念和思維方式，是我國古代審美觀的理論基礎和審美標準。中國美學中的範疇，如言、象、意；理和情、文和質、形和神、虛和實、剛和柔等都來自易學理論。中國古代的書、畫、詩、文和其他藝術形式追求的都是一種形神合一，物我交融，審美主客體和諧統一的審美心境和藝術境界。這種境界和「易」理天人合一是不謀而合的。

《周易》所闡發的人與自然的統一精神，是藝術和審美賴以形成和發展的客觀基礎。《周易》是從哲學的高度論述人和自然的統一，藝術是從美的角度來闡述人與自然的統一關係，所以，《周易》與藝術理論和實踐有著密切的聯繫。

《周易》對中國古代藝術的指導意義具體表現在以下方面：

一、《周易》的象論和意象思維是藝術創造的主要思維形式和藝術手法。我們知道，《周易》是用卦象來表達其思想的。它用抽象的奇「⚊」、偶「⚋」符號的不同排列而形成的符號，分別指代世界萬物，並象徵世界萬物的複雜變化，這就是《易傳》所說的「參伍以變，錯綜其數。通其變，遂成天下之文；極其數，遂定天下之象」。易者，象也，以物象而明事，觀象而明理，這一意象思維類似形象思維形式。《周易》正是由這種思維形式來把握世界的。

藝術創造廣泛使用的是形象思維，運用藝術形象反映人們的思想，揭示事物的性質和規律。沒有形象塑造就沒有藝術，沒有對客觀事物及現象的模仿、比喻、類比等形象思維的特殊手法，就不可能創造出藝術作品來。從藝術的起源來看，原始的藝術活動是直接模擬客觀事物形象和人類行為。所以，古代的文學家和文藝評論家常把我國文字、繪畫和書法的起源，歸之於伏羲氏所畫的八卦，提出書畫同源說。我國最早的詩歌總集《詩經》，保存了自西周至春秋中期的詩歌三百零五篇，分為風、雅、頌三大類。風是民間歌謠，雅是貴族作品，頌是宗廟祭神祭祖的樂歌，它們都是運用類比、象徵、比喻的手法反映當時的社會現象和人的心理，情節感人，形象逼真。

古代還相傳鍾子期遇知音的故事：琴家伯牙鼓琴，他的朋友鍾子期善聽。伯牙鼓琴奏樂想到高山、流水，鍾子期一聽就能理解，伯牙琴聲就是高山流水的象徵，琴聲瑟瑟，流水潺潺，情景交融，聲形並茂。這就是藝術感性形象的魅力所在。而《周易》提出「立象的盡意」，即是指藝術與感性具體形象的關係，揭示了藝術形象表達意境的藝術規律，強調藝術形象塑造的重要性。

二、《周易》形神觀應用到藝術領域，形成形神兼備的藝術創作基本原則。《周易》論「神」大致有兩種含義，一是指陰陽不測之謂神，即神妙難測之意；一是指人的主體能力之「神」。客觀事物內部的精義妙理，能為人所認識和把握，即具有這種超凡入聖認識能力的人稱之為有「神」。

《說卦傳》指出：「神也者，妙萬物而為言者也。動萬物者莫疾乎雷，撓萬物者莫疾乎風，……故水火相逮、雷風不相悖，山澤通氣，然後能變化，既成萬物也。」這裡是說八卦之象的神秘之處。其中所蘊含的精微奧妙的事理就是「神」。把握住這一精微之處即「知幾」，就「能通天下之志」，「能成天下之務」。透過事物千變萬化的現象去把握其中之「神」，以象傳神，形神兼備，這是藝術創作應遵循的基本原則，而為歷代藝術大師所重視。

西漢時期成書的《淮南子》，最早將《周易》中的形神觀念引入到繪畫領域，提出「神貴於形」的觀點。東晉畫家顧愷之（約三四五—四〇六）根據易玄學派追求義理和神力而鄙視物象的觀點，提出「傳神寫照」、「以形寫神」，極重神韻。中國古代的藝術批評家在藝術批評中，直接以「神」為審美標準，判定書畫藝術作品的優劣好壞。如南齊大書法家王僧虔說：「書之妙道，神采為上，形質次之，兼之者，為可紹於古人。」根據形神兼備的見解，中國古代藝術家大都追求神似而不以形似為然，將「神形合一」看作是藝術品最高境界。

三、《周易》的陰陽和諧的整體觀，是我國文學藝術批評的基本準則和哲學基礎。陰陽統一、剛柔相濟、整體協調是《周易》基本思想和方法論之一。這一思想體現在藝術和美學理論之中，形成陰陽剛柔協調一致的審美標準。受《周易》陽剛陰柔說的影響，我國歷史上曾形成陽剛之美和陰柔之美兩種美論的觀點。陽剛之美和陰柔之美的關係不是彼此割裂，而是彼此聯繫、互相補充的，陽剛之美的形象不僅是剛健遒勁，而且是剛中有柔；陰柔之美的形象不但柔婉嫵媚，而且柔中有剛。

我國現存的系統論述音樂理論的著作《禮記・樂記》，以陰陽對立說明禮的意義，以陰陽統一說明樂的意義，認為「樂者審一以定和，此物以飾節，節奏和以成文」，並提出「樂者天地之和」的命題。

在這一命題中，「和」是指陰陽剛柔處於和諧的狀態。這一原則對後來的文學藝術家和評論家影響極大，他們大都主張「陰陽相濟」、「陰陽剛柔並行而不容偏廢」的觀點。古代書法特別重視剛柔相濟整體協調原則。中國字是方塊字，粗細長短、上下左右都要從整體著眼，錯落有致、剛柔相濟、整體協調，這樣才能顯出飄灑俊逸之美，既剛健豪放有氣概，又柔美細膩有文質。整體美是所有藝術形式共同要求的，音樂、繪畫、詩文、舞蹈等都是如此。在堅持陰陽統一、整體和諧的藝術原則的前提下，中國古代藝術往往傾向於陽剛之美。這種傾向也是受《周易》尚陽貴剛、陽貴陰賤思想的影響。

我國古代的藝術作品，如顏真卿的書法、韓愈的詩、范仲淹的文、顧愷之的畫，都顯示出一種筆力雄健、氣勢磅礴、志趣豪爽的陽剛之美。總之，《周易》思想是我國古代藝術審美觀念的靈魂，正是在《周易》世界觀和思維方式影響下，我國古代藝術取得輝煌成就。

第八章 《周易》與傳統思維方式

《周易》作為中國古代的宇宙代數學，對神秘的東方文化的影響源遠流長。其中，最為重要的是對中國傳統哲學思維方式的形成和發展起到巨大的催萌和範導作用。縱觀中國哲學史，《周易》及後來的易學與中國哲學發展密切聯繫在一起，從漢代到近代，中國哲學理論思維無不受易學的影響。《周易》提出的「一陰一陽之謂道」、「剛柔相推而生變化」等哲學命題，經過歷代易學家和哲學家的深入研究和闡發，成了兩千多年來中國人解釋和觀察世界的依據，是中國傳統思維方式確立的前提和基礎。

古代哲學家正是由對《周易》經傳的解釋，建立自己的哲學理論體系，鍛鍊自己的理論思維能力。《周易》的世界觀和方法論，不但啟迪人們的思維，而且促進人們的傳統思維方式的形成和發展，從而對中國人的文化生活和政治倫理生活產生深刻影響。在中國傳統思維方式的形成和發展過程中，《周易》所起的作用無疑是巨大而深刻的，具有重要指導意義。

對古代思維的規範作用

《易》有《易經》、《易傳》、易學三部分。《易經》是西周時期形成的占筮的典籍，《易傳》是戰國時代形成的解釋《易經》的著述，易學則是秦漢以來的易學家和哲學家對《周易》的經傳所作的種種注釋和闡述。

《周易》對中國傳統思維方式的範導作用，主要是通過易學研究擴散影響的。易學派別林立，最有影響的當屬儒家系統的哲學流派。不管易學流派觀點如何不同，但都是將《周易》作為一門學科來研究，許多易學家都把畢生的精力，放在對《周易》的解釋和考證上。易學家們對《周易》的注疏、解說的論述和著述浩如煙海，極其豐富，古代哲學從中汲取了大量的營養。因此，由對易學發展歷程的考察，我們可以窺見中國哲學的民族特點和中國傳統思維方式形成發展及其基本特徵。

研究《周易》，在歷史上基本上是兩類人：一是歷代的經學家，側重於《易經》中的象數理論，以注釋、考據為主；一是歷代的哲學家、思想家，側重於義理。易學各流派，名家大師都在《周易》研究中提出了自己的見解，闡發了《周易》中的哲學思想。

易學發展基本上經歷五個時期或五種形態：戰國時期的《易傳》，兩漢時期的漢易，晉唐時期的唐易，兩宋時期的宋易，明清時期的易學。

兩漢的易學基本是經師解《易》，屬象數學派。其主要代表是京房、孟喜、鄭玄、荀爽、虞翻等人。他們以《周易》為構架，結合陰陽五行說和日月星辰及四季物候變化的天文歷學，並採納天人感應思想，創立了所謂互體、旁通、卦氣、爻辰、納甲等象數學模式體例，形成了以卦氣為中心的易學哲學體系。從魏晉開始，兩漢經學轉變為魏晉玄學，《周易》原理玄學化，王弼是玄學派的創始人。用老莊道家理論解釋儒家經典，是晉唐易學的主要特點。宋易是把《周易》同道學或理學結合起來，從本體論上論證世界的本原，其代表是邵雍、程頤、朱熹等人。他們以「理」解釋太極，以陰陽二氣解釋兩儀。認為太極和兩儀、理和氣之間並無先後關係，將天地萬物看作是太極之理自身的展開。明清之際，清初思想家王夫之（一六一九－一六九二）認為天地萬物乃太極之氣自身的展開。太極之氣存在於天地萬物之中，氣作為世界的物質本原，同天地萬物不可分割，這一帶有唯物主義的本體論觀點，把中國古代哲學、易學的發展推向新的水平。

封建時代，《周易》位六經之首，歷來為儒生必習之書，並奉《周易》為聖人之書。他們認為《周易》是一個完整的理論體系，完滿無缺，是絕對真理，對《周易》只能注、疏、解、釋，不能離經叛道而亂猜妄測。每個時代的易學家都認為他們的解釋符合於《周易》的本義，特別是儒家系統的易學家，更自認為正統，其他為別傳。其實，《周易》的影響並不只侷限於儒家哲學，其他系統的哲學，也不同程度上從《周易》的研究中吸取對自己有用的東西。易學既然是對《周易》象數義理的研究，那麼，所使用的概念範疇則為各家所共用，如太極、乾坤、陰陽、天道、人事、形而上、形而下、象數、言意、神等概念，都對古代哲學發展起到深刻影響，各流各派哲學基本上是以易為依據。

當然，儒家哲學體系直接起源於《周易》，《易傳》就為儒家哲學提供了初步的框架。漢代哲學家董仲舒鼓吹天人感應說，將《易經》中的天人觀念發展為天人感應的神學目的論和「三綱」、「五常」的封建倫理體系。宋明時期，儒家學說發展到高峰，形成新儒學。從北宋哲學家周敦頤（一〇一七—一〇七三）到朱熹，再到王夫之，就其哲學體系賴以出發的思想資料和理論思維形式說，是通過宋易而形成和發展起來的。宋明哲學中的理學派、氣學派、數學派、心學派、功利學派等哲學流派，其理論內容都同易學有直接關係。

在這種意義上，可以說宋明哲學也是易學，易學是宋明哲學研究的主要內容。《周易》中的基本命題和思維方式對宋明哲學具有重要意義，它規定了宋明哲學研究範圍和研究方向。由此可見，儒家哲學發展的全過程，自始至終都充滿了易道精神，是易道精神的發揚光大。

《周易》思維方式在漫長的易學研究和中國哲學發展過程中，逐漸積澱為中華民族的心理底層結構。它不僅體現在中國古代的自然科學、文學藝術、倫理道德、政治意識、法律思想、宗教、哲學等各個不同的精神現象領域，而且還滲透到社會實踐和人們日常生活之中。成為對整個中華民族都普遍起作用的共同的思維定勢。正是由於《周易》思維方式在中華民族心理結構中根深蒂固，所以，中國傳統思維方式從總體上看擺脫不了《周易》的思維窠臼，帶有明顯的易學特徵。

我們如果要了解中國傳統思維方式的形成和發展，就必須將其與《周易》的思維方式聯繫起來考察。從某種程度上可以說，中國傳統思維方式就是《周易》思維方式的繼承和發展。當《周易》走出占筮的迷信誤區之後，其中所含有的邏輯推衍和理性分析的方式方法，得到後來的易學和哲學的發揮，使它逐漸變成指導人們的生活、規範人的言行以及觀察和分析問題的指南。

如《周易》以陰陽變易的法則說明一切事物的辯證思維，就是中國傳統哲學的重要思維方式和辯證法思想。而《周易》之所以能在中國歷史上產生如此深刻影響，並不是它的神秘形式，也不在於它的卦象卦辭，而在於它理論思維內容和表達義理的辯證思維形式。

中國傳統思維方式的特徵

思維方式是人類文化現象的深層結構，是對人類文化行為起支配作用的穩定因素。在華夏文明基礎上形成起來的中國傳統思維方式，決定了中國傳統文化的特有的風貌。中國傳統文化中的人文精神把重點放在人倫關係上，重視人與人、人與自然的和諧統一。中國傳統文化的這種特質，是由中國傳統思維方式的基因中遺傳下來的行為方式。

前面業已指出，《周易》的整體思維、唯象思維、邏輯思維、情感直覺思維等思維方式，是中國傳統思維方式中的重要組成部分。重視形象思維，並將形象思維與抽象思維融匯貫通，靈活運用；長於直覺思維的內心體驗，弱於對實體的抽象分析和邏輯推理；強調整體平衡、關係和諧、統一，追求天人一致而不是天人相分，追求道德修養而不是科學知識等等。

這些思維特徵和思維偏向在《周易》萌發出來後，逐漸成為中國傳統文化的基因，並轉變為傳統思維方式。這種思維方式在不同文化領域，經過各門學科的引申、推廣、具體化，生長出許多特殊概念和範疇。例如，哲學領域中的理、氣、道、形、神、器等概念；美學中的「氣韻」、「傳神」、「意象」、「風骨」、「性靈」等範疇；中醫中的「三陰三陽」、「辯證施治」理論等都是在中國傳統思維方式影響下形成的，都具有傳統文化的基因特性。

在《周易》影響下形成的中國傳統思維方式具有以下特徵：

1. 內向性

中國古代哲學是圍繞人與自然，圍繞天人合一的主題而展開的，人在這一主題中始終居於主體地位。人的主體地位的確立，使中國哲學思維方式是以人為中心的思維方式。思維指向不是客觀的對象世界，而是思維主體自身。思維是從人的內在情感需要出發，經由意向活動的自我反思獲得人生和世界的意義。儒家強調人的養性修身，把道德價值作為人生的最大追求。認為人人皆有道德之心，就要反求諸己，返回到自己的內心世界，不斷進行「自省」即自我反思。修身養性就是修心，是道德修養的功夫所在。

如孔子的「仁」學，把仁看作人的內在德性，要認識和實現人的內在德性，需要靠人自身努力和修養。「我欲仁，斯仁至矣」。（《論語・述而篇》）

仁，是內在的，在人的心中。要得到它，只有向自己心中去尋求。孟子說：「仁，人心也」、「君子所性，仁義禮智根於心」，仁就等同於人的內在本性，仁就是心，心即是仁，要認識仁，必須反求諸己，內向思維。儒家是在人與社會的統一中反省人的自然本性。儒家和道家都把重點放在個人身心的修養上面，是一種內傾性的思維方式。

中國傳統思維的內向性，還表現為是一元的，封閉的，收斂的。在大一統的封建社會條件下，人的思維要受到專制政治的約束，受到「大一統」政治觀點的左右。政治和學術上的專制主義導致我國傳統文化趨於封閉保守，人心收斂，思維缺少創造活力。這是內向性思維方式的必然結果。而中國傳統思維方式的內向性又是與「大一統」的封建社會政治制度和意識形態相適應的。

2. 整體性

中國傳統思維方式趨於尋求對立面的統一，長於綜合性、整體性。這種求同性思維，善於從總體上，從事物 的聯繫上把握事物的本質。中國古代哲學一向把主體和客體聯繫在一起作為整體進行考察，力求在天與人、理與氣、心與物、體與用、文與質諸種對立關係中，尋找一種自然的和諧。在整體系統化思維框架中，道、氣、太極、理是代表整體或全體的基本範疇：陰陽五行、八卦等則是這一整體的構成要素。

《周易》在我國哲學史上提出了較為完整的整體思維模式，「易有太極，是生兩儀，兩儀生四象，四象生八卦」，把一切自然現象和社會現象統統納入由陰陽所組成的六十四卦系統中。它還提出天地人「三才」觀，將天道、地道、人道有機統一起來，進一步充實了整體論思想。

「天人合一」是中國傳統文化中的基本命題。孔、孟、老、莊，諸子百家從不同角度不同方面都提出了這一命題。無論是積極的，還是消極的，他們都強調了人必須與天認同、一致、和睦、協調。

漢代董仲舒將「天人合一」命題發展為「天人感應」的有機整體圖式。整體平衡協調的觀點和方法在中醫理論中體現得更為充分。中醫認為人體是一個有機整體，是由陰陽二氣構成的，陰陽二氣的不停運動是世界存在的原因，也是人體生命活動的原因。所以，陰陽平衡是人身體健康的標誌。為了身心健康，就要保持人體陰陽的動態平衡。整體觀念是中國人古而有之的思想，普遍地為人接受，廣泛地應用到人們實踐活動的各個領域。

3. 模糊性

中國傳統思維重體驗，貴象，用直觀，取整體。這樣的思維方式能夠對客觀世界有一個比較抽象的、素樸的、基本的把握，對世界總體圖景和基本規律有一個大概的認識。但是，這種認識缺乏嚴格的科學的求證和分析，它只能是粗略籠統的、不精確的，帶有很大的模糊性。因為，觀物取象、立象盡意的唯象思維在中國古代比較發達。《易經》就是藉助卦象推斷天理人事的唯象思維方式，建立變易思想體系。古代哲學、醫學、天文學等學科也大都以《易經》的唯象思維作為觀察、認識客觀對象的主要思維方法。

中國的語言是意象性語言，其文字符號本身就是形象和意義的統一。中國繪畫也是意象一體，注重意、神和韻。意象性思維是以「象」作仲介，直接去把握事物的理性具體——意，而「象」則是具體的、可感知的東西。

它有兩重含義：一是指自然界和社會呈現出來的現象，一是對現象進行概括、模擬而產生的一種象徵性符號。運用自然之象或符號之象表示某種抽象概念和思想感情或意境的思維形式，就是意象思維。它直接運用具體的、個別的形象去把握一般，用生動直觀的東西去喻指抽象深奧的道理。這是一種直觀性、經驗性的思維形式。在漫長的人類思維發展的歷程中，意象這種抽象概括方式對人類認識有著特殊意義，在各民族進程中是較為常見的一種思維形式。

如儒家和道家皆援「象」以為說，把「象」與「陰陽」、「五行」結合起來，演化成象數之學。儒道諸家學說都可用象數聯繫溝通，都可用意象思維來「盡心」、「體道」。但意象思維仍有其不足。這就是模糊性。因為它憑藉符號和經驗領悟自然界和社會現象的深層意境，而不是靠抽象概括、邏輯推理進行綜合分析，往往缺乏科學基礎。強調自然界整體性及事物之間的內在聯繫，但僅滿足於通過直覺得到一個總體印象。正是在這種思維方式的影響下，人們重「道」輕「器」，追求形而上，忽視形而下，對自然的認識始終保持著直觀猜測和朦朧意識的特點。

4. 非理性

中國傳統思維方式重視心理體驗和感性直觀，非理性在它的思維方式中佔有突出地位。直覺思維在中國古代比較普遍，也比較發達。先秦道家的「致虛極，守靜篤」、「玄覽」、「體道」、「見獨」；佛教的「頓悟」；儒家孟子的「良知」，《易傳》中的「窮神知化」、「德盛自知」，宋明理學的「德性所知」、「豁然貫通」、「明心見性」、「致良知」等，都是直覺思維，或帶有直覺思維的性質。

直覺思維是一種無需經過感性經驗和理性邏輯思維，直接從整體上去把握形而上的思維方式。道家崇尚直覺思維，提倡冥思默想的體道方式，反對感性經驗和理性的認識形式，認為，「不出戶，知天下；不窺牖，見天道。其出彌遠，其知彌少」（《老子》）。主張「為學日益，為道日損」（《老子》）。由於排斥經驗認識和理性思維，道家實際是主張直覺思維，即通過非理性的直覺方法和途徑來把握事物的本質和規律。

佛教哲學思維方式也是一種內心體驗的直覺思維。佛教追求超越現實人生的最高理想境界，要達到這種擺脫人生痛苦的理想境界，就需要頓悟直覺的心理體驗功夫。它排除感性經驗，邏輯分析，甚至不立文字，力求解除語言文字對思維的束縛，通過悟禪，主體直接與客體融合為一，於是獲得精神解脫和心理滿足而達到超越現實人生的最高境界。儒家和道教、佛教一樣，也是以追求人生理想境界為目標，從而也就這樣或那樣地採用直覺思維形式以體認人生和宇宙的本質。

《周易》就特別重視認識主體道德情感、心理情感的直覺體驗和自我超越，認為只要自強不息，朝夕愓慎地進德修業，就可以「精義入神」、「窮神知化」，德器自成，仁知自得。

5. 穩定性

中國傳統文化是世界歷史上最為悠久的文化之一。在數千年的歷史長河中，它既沒有被其他文化同化，也沒有因戰爭突變、朝代更迭而中斷，具有頑強的生命力的超穩定性。穩態的傳統文化結構與超穩定的傳統思維方式是互為因果的。

例如，儒家的思維方式基本上是一種經學的思維方式。這種思維方式在孔子言論中就已充分表現出來。孔子提倡「述而不作」、「好古」、「泥古」，主張「興滅國，繼絕世」、「克己復禮」，嚮往文王周公的「開明盛世」。孔子說：「我非生而知之者，好古敏以求之者也。」注重儒家道統，崇尚經傳，畏聖人，畏大人，畏聖人之言。這樣一種世襲相傳的文化結構和泥古不變的思維方式，使得中國文化具有極強的超穩定性。由此可見，穩定的社會和文化結構來自於穩定的傳統思維方式，而穩定的社會結構又進一步強化了傳統思維方式的穩定性。

我國傳統思維方式的上述特徵，表明中國人的思維方式具有東方古老民族的特殊氣質和風貌。從這些特徵中，我們可以看到，中國傳統思維方式同《周易》的思維方式是一脈相承，同出一源的。《周易》思維方式是中國古代文化的結晶。它奠定了傳統思維方式的基礎。

雖然後來有儒佛道三教取長補短、相互借鑒的文化融合，但《周易》創立的思維方式仍然為歷史所接受，並在兩千多年的文化發展長河中逐漸融化在中國人的思想意識和行為規範裡，成為中國人固有的民族心理和思維模式，所以，中國傳統思維方式的內向性、整體性、模糊性、非理性、穩定性特徵，也是《周易》思維方式的特徵，兩者是等價的。

《周易》思維方式始終是儒家文化體系的支撐點，一開始就是一穩態結構。歷史變遷並沒有使它脫胎換骨，且得到不斷加強，成為中國人主要的傳統思維方式。

但是，同任何事物一樣，傳統思維方式也具有兩重性：它既有精華也有糟粕；既是中華民族的寶貴財富，也是中華民族一個沉重的包袱；既給中華民族帶來智慧之光，也給它的發展設置了障礙；既體現著唯物主義和辯證法精神，也包含著唯心主義和形而上學因素。其缺點和優點摻雜在一起，既是長處又是不足。

例如，整體性既是整體、系統、辯證的思維，同時也是模糊、不精確的，是整體模糊性。而傳統思維就是整體性和模糊性的統一體。正是因為傳統思維方式具有兩重性，所以，我們既不能對它全盤肯定，也不能全盤否定，而是要繼承傳統思維方式中的積極因素，吸收其合理成分，拋棄其保守、消極、不合理成分，從而形成能適應現時代要求的具有中華民族特色的思維方式。

傳統思維方式的變革與創新

在近代中國，西方人的思想觀念和思維方式向中國傳統思維方式提出了挑戰，並使中國傳統思維方式逐步發生了變革。中國傳統思維方式在近代所發生的變革，主要有三個方面。

第一，對傳統思維方式的保守落後性進行了揭露和批判，人們的思想觀念開始從過去的陳舊框架中解放出來。傳統思維固守封建倫理道德，把古代聖賢經典看作萬古不變的教條，強調天人和諧統一而忽視人對自然的認識、征服和改造，滿足於整體直覺，而忽視感性知識積累和理性邏輯推理。這種崇尚教條的思維方式制約著人的思維能動作用的發揮，扼殺了人的求知欲望和改造自然的積極性，阻礙了中國科學技術進步和生產力水平的提高。因此，必須從舊的思想觀念和思維方式的桎梏當中解放出來。近代思想家、學者康有為（一八五八—一九二七）、嚴復（一八五三—一九二一）、王國維（一八七七—一九二七）、章太炎（一八六九—一九三六）等宣傳培根的實驗方法和笛卡爾的懷疑精神，主張思想自由，「破學界之奴性」，要求人們解放思想，擺脫傳統經學方式的束縛。他們對傳統經學方式的衝擊和批判，是對兩千多年封建思想一統天下提出的挑戰，掀起了一場思想文化革命。從此之後，中國逐步接受了西方文化的影響，傳統思維方式的統治地位開始動搖。隨著中國大門的被打開，擺脫舊的思想觀念和思維方式束縛，建立新的思維方式便成為歷史的必然。

第二，介紹和引進了一些西方近代的科學方法。中國近代的先進人物除了批判和衝擊傳統思想觀念，主張思想解放和學術自由外，還積極向西方學習尋求科學方法，以變革不合時宜的傳統思維方式。如嚴復第一個在中國系統介紹西方近代邏輯學，翻譯了《穆勒名學》、《名學淺說》等西方邏輯學著作，開辦邏輯講習班，大力傳播西方近代邏輯學知識。他針對傳統思維的整體模糊性、形式邏輯不足等弱點，提倡歸納的邏輯思維。這在當時產生了較大影響。

第三，新的世界觀和方法論在中國的傳播和確立，使中國傳統思維方式發生了根本性的變革。一九一九年，在中國發生了「五・四」運動，是一次更大規模、更深刻的思想解放運動，這次運動不僅高舉「科學」和「民主」的旗幟，猛烈地批判了封建專制思想和傳統觀念，而且還介紹和傳播了新的世界觀和方法論。正是在這種新的世界觀和方法論的指導下，中國人的傳統思維方式已經和正在不斷發生改變，並為一種嶄新的思維方式所逐步代替。

從模糊的整體觀、中庸論到近代的邏輯學、進化論，再到辯證唯物論，這是中國近代一百多年思想史上的一個巨大進步，也是中國思維方式發展中的一次大飛躍。但是，我們要看到，用唯物辯證綜合思維方式取代傳統的整體模糊思維方式，並不說明傳統思維方式已經轉換到唯物辯證思維方式上來了。傳統思維方式的變革任務並沒有完成。事實上，傳統思維方式依然在各個方面影響著人們的思維，無形中規範著人們的思想和行動。

例如，在處理人際關係問題上講求平衡協調，中庸之道；不從客觀實際出發，唯上唯書，機械照搬，教條主義；憑感性直觀和主觀想像進行決策，缺乏求真求實的科學精神，崇拜權力，鑽求人身依附，家長作風等等。這些表現都與傳統思維方式的影響有關。

我們還要看到，傳統思維方式具有歷史繼承性，它不會隨著政治制度和經濟基礎的改變而隨之改變，仍會存在於人的心靈深處和社會風俗習慣之中。

因此，總結近代思維方式變革與經驗教訓，分清傳統思維方式中的積極因素和消極因素，發揚優良傳統，克服消極影響，在現代唯物辯證思維方式的基礎上，更新我國傳統思維方式，努力實現我們思維方式的現代化，對於我們仍是一項重要的思想任務。這項光榮而艱巨的任務，歷史地落在了當代中國人的肩上。

大展出版社有限公司 品冠文化出版社	圖書目錄
地址：台北市北投區(石牌) 致遠一路二段 12 巷 1 號 郵撥：01669551＜大展＞	電話：(02)28236031 28236033 傳真：(02)28272069

法律專欄連載・大展編號 58

台大法學院　法律學系／策劃
法律服務社／編著

1.	別讓您的權利睡著了(1)	200 元
2.	別讓您的權利睡著了(2)	200 元

・生 活 廣 場・品冠編號 61・

1.	366 天誕生星	李芳黛譯	280 元
2.	366 天誕生花與誕生石	李芳黛譯	280 元
3.	科學命相	淺野八郎著	220 元
4.	已知的他界科學	陳蒼杰譯	220 元
5.	開拓未來的他界科學	陳蒼杰譯	220 元
6.	世紀末變態心理犯罪檔案	沈永嘉譯	240 元
7.	366 天開運年鑑	林廷宇編著	230 元
8.	色彩學與你	野村順一著	230 元
9.	科學手相	淺野八郎著	230 元
10.	你也能成為戀愛高手	柯富陽編著	220 元
11.	血型與十二星座	許淑瑛編著	230 元
12.	動物測驗—人性現形	淺野八郎著	200 元
13.	愛情、幸福完全自測	淺野八郎著	200 元
14.	輕鬆攻佔女性	趙奕世編著	230 元
15.	解讀命運密碼	郭宗德著	200 元
16.	由客家了解亞洲	高木桂藏著	220 元

・女醫師系列・品冠編號 62

1.	子宮內膜症	國府田清子著	200 元
2.	子宮肌瘤	黑島淳子著	200 元
3.	上班女性的壓力症候群	池下育子著	200 元
4.	漏尿、尿失禁	中田真木著	200 元
5.	高齡生產	大鷹美子著	200 元
6.	子宮癌	上坊敏子著	200 元

7. 避孕	早乙女智子著	200 元
8. 不孕症	中村春根著	200 元
9. 生理痛與生理不順	堀口雅子著	200 元
10. 更年期	野末悅子著	200 元

·傳統民俗療法· 品冠編號 63

1. 神奇刀療法	潘文雄著	200 元
2. 神奇拍打療法	安在峰著	200 元
3. 神奇拔罐療法	安在峰著	200 元
4. 神奇艾灸療法	安在峰著	200 元
5. 神奇貼敷療法	安在峰著	200 元
6. 神奇薰洗療法	安在峰著	200 元
7. 神奇耳穴療法	安在峰著	200 元
8. 神奇指針療法	安在峰著	200 元
9. 神奇藥酒療法	安在峰著	200 元
10. 神奇藥茶療法	安在峰著	200 元
11. 神奇推拿療法	張貴荷著	200 元

·彩色圖解保健· 品冠編號 64

1. 瘦身	主婦之友社	300 元
2. 腰痛	主婦之友社	300 元
3. 肩膀痠痛	主婦之友社	300 元
4. 腰、膝、腳的疼痛	主婦之友社	300 元
5. 壓力、精神疲勞	主婦之友社	300 元
6. 眼睛疲勞、視力減退	主婦之友社	300 元

·心 想 事 成· 品冠編號 65

1. 魔法愛情點心	結城莫拉著	120 元
2. 可愛手工飾品	結城莫拉著	120 元
3. 可愛打扮 & 髮型	結城莫拉著	120 元
4. 撲克牌算命	結城莫拉著	120 元

·少年偵探· 品冠編號 66

1. 怪盜二十面相	江戶川亂步著	特價 189 元
2. 少年偵探團	江戶川亂步著	特價 189 元
3. 妖怪博士	江戶川亂步著	特價 189 元
4. 大金塊	江戶川亂步著	特價 230 元
5. 青銅魔人	江戶川亂步著	特價 230 元
6. 地底魔術王	江戶川亂步著	特價 230 元

7. 透明怪人 江戶川亂步著 特價230元
8. 怪人四十面相 江戶川亂步著 特價230元
9. 宇宙怪人 江戶川亂步著 特價230元
10. 恐怖的鐵塔王國 江戶川亂步著 特價230元
11. 灰色巨人 江戶川亂步著 特價230元
12. 海底魔術師 江戶川亂步著 特價230元
13. 黃金豹 江戶川亂步著
14. 魔法博士 江戶川亂步著
15. 馬戲怪人 江戶川亂步著
16. 魔人銅鑼 江戶川亂步著
17. 魔法人偶 江戶川亂步著
18. 奇面城的秘密 江戶川亂步著
19. 夜光人 江戶川亂步著
20. 塔上的魔術師 江戶川亂步著
21. 鐵人Q 江戶川亂步著
22. 假面恐怖王 江戶川亂步著
23. 電人M 江戶川亂步著
24. 二十面相的詛咒 江戶川亂步著
25. 飛天二十面相 江戶川亂步著
26. 黃金怪獸 江戶川亂步著

·武術特輯·大展編號10

1. 陳式太極拳入門 馮志強編著 180元
2. 武式太極拳 郝少如編著 200元
3. 練功十八法入門 蕭京凌編著 120元
4. 教門長拳 蕭京凌編著 150元
5. 跆拳道 蕭京凌編譯 180元
6. 正傳合氣道 程曉鈴譯 200元
7. 圖解雙節棍 陳銘遠著 150元
8. 格鬥空手道 鄭旭旭編著 200元
9. 實用跆拳道 陳國榮編著 200元
10. 武術初學指南 李文英、解守德編著 250元
11. 泰國拳 陳國榮著 180元
12. 中國式摔跤 黃 斌編著 180元
13. 太極劍入門 李德印編著 180元
14. 太極拳運動 運動司編 250元
15. 太極拳譜 清·王宗岳等著 280元
16. 散手初學 冷 峰編著 200元
17. 南拳 朱瑞琪編著 180元
18. 吳式太極劍 王培生著 200元
19. 太極拳健身與技擊 王培生著 250元
20. 秘傳武當八卦掌 狄兆龍著 250元
21. 太極拳論譚 沈 壽著 250元

22. 陳式太極拳技擊法　馬 虹著　250 元
23. 二十四式/三十二式 太極 拳/劍　闞桂香著　180 元
24. 楊式秘傳 129 式太極長拳　張楚全著　280 元
25. 楊式太極拳架詳解　林炳堯著　280 元
26. 華佗五禽劍　劉時榮著　180 元
27. 太極拳基礎講座：基本功與簡化 24 式　李德印著　250 元
28. 武式太極拳精華　薛乃印著　200 元
29. 陳式太極拳拳理闡微　馬 虹著　350 元
30. 陳式太極拳體用全書　馬 虹著　400 元
31. 張三豐太極拳　陳占奎著　200 元
32. 中國太極推手　張 山主編　300 元
33. 48 式太極拳入門　門惠豐編著　220 元
34. 太極拳奇人奇功　嚴翰秀編著　250 元
35. 心意門秘籍　李新民編著　220 元
36. 三才門乾坤戊己功　王培生編著　220 元
37. 武式太極劍精華 +VCD　薛乃印編著　350 元
38. 楊式太極拳　傅鐘文演述　200 元
39. 陳式太極拳、劍 36 式　闞桂香編著　250 元
40. 正宗武式太極拳　薛乃印著　220 元
41. 杜元化＜太極拳正宗＞考析　王海洲等著　300 元
42. ＜珍貴版＞陳式太極拳　沈家楨著　元
43. 24 式太極拳＋VCD　中國國家體育總局著　350 元

・原地太極拳系列・大展編號 11

1. 原地綜合太極拳 24 式　胡啟賢創編　220 元
2. 原地活步太極拳 42 式　胡啟賢創編　200 元
3. 原地簡化太極拳 24 式　胡啟賢創編　200 元
4. 原地太極拳 12 式　胡啟賢創編　200 元

・名師出高徒・大展編號 111

1. 武術基本功與基本動作　劉玉萍編著　200 元
2. 長拳入門與精進　吳彬 等著　220 元
3. 劍術刀術入門與精進　楊柏龍等著　220 元
4. 棍術、槍術入門與精進　邱丕相編著　220 元
5. 南拳入門與精進　朱瑞琪編著　220 元
6. 散手入門與精進　張 山等著　220 元
7. 太極拳入門與精進　李德印編著　元
8. 太極推手入門與精進　田金龍編著　元

·實用武術技擊·大展編號 112

1.	實用自衛拳法	溫佐惠著	250 元
2.	搏擊術精選	陳清山等著	220 元
3.	秘傳防身絕技	陳炳崑著	230 元

·道學文化·大展編號 12

1.	道在養生：道教長壽術	郝　勤等著	250 元
2.	龍虎丹道：道教內丹術	郝　勤著	300 元
3.	天上人間：道教神仙譜系	黃德海著	250 元
4.	步罡踏斗：道教祭禮儀典	張澤洪著	250 元
5.	道醫窺秘：道教醫學康復術	王慶餘等著	250 元
6.	勸善成仙：道教生命倫理	李　剛著	250 元
7.	洞天福地：道教宮觀勝境	沙銘壽著	250 元
8.	青詞碧簫：道教文學藝術	楊光文等著	250 元
9.	沈博絕麗：道教格言精粹	朱耕發等著	250 元

·易學智慧·大展編號 122

1.	易學與管理	余敦康主編	250 元
2.	易學與養生	劉長林等著	300 元
3.	易學與美學	劉綱紀等著	300 元
4.	易學與科技	董光壁著	280 元
5.	易學與建築	韓增祿著	280 元
6.	易學源流	鄭萬耕著	280 元
7.	易學的思維	傅雲龍等著	250 元
8.	周易與易圖	李　申著	250 元

·神算大師·大展編號 123

1.	劉伯溫神算兵法	應　涵編著	280 元
2.	姜太公神算兵法	應　涵編著	280 元
3.	鬼谷子神算兵法	應　涵編著	280 元
4.	諸葛亮神算兵法	應　涵編著	280 元

·秘傳占卜系列·大展編號 14

1.	手相術	淺野八郎著	180 元
2.	人相術	淺野八郎著	180 元
3.	西洋占星術	淺野八郎著	180 元
4.	中國神奇占卜	淺野八郎著	150 元

5. 夢判斷	淺野八郎著	150 元
6. 前世、來世占卜	淺野八郎著	150 元
7. 法國式血型學	淺野八郎著	150 元
8. 靈感、符咒學	淺野八郎著	150 元
9. 紙牌占卜術	淺野八郎著	150 元
10. ESP 超能力占卜	淺野八郎著	150 元
11. 猶太數的秘術	淺野八郎著	150 元
12. 新心理測驗	淺野八郎著	160 元
13. 塔羅牌預言秘法	淺野八郎著	200 元

・趣味心理講座・大展編號 15

1. 性格測驗① 探索男與女	淺野八郎著	140 元
2. 性格測驗② 透視人心奧秘	淺野八郎著	140 元
3. 性格測驗③ 發現陌生的自己	淺野八郎著	140 元
4. 性格測驗④ 發現你的真面目	淺野八郎著	140 元
5. 性格測驗⑤ 讓你們吃驚	淺野八郎著	140 元
6. 性格測驗⑥ 洞穿心理盲點	淺野八郎著	140 元
7. 性格測驗⑦ 探索對方心理	淺野八郎著	140 元
8. 性格測驗⑧ 由吃認識自己	淺野八郎著	160 元
9. 性格測驗⑨ 戀愛知多少	淺野八郎著	160 元
10. 性格測驗⑩ 由裝扮瞭解人心	淺野八郎著	160 元
11. 性格測驗⑪ 敲開內心玄機	淺野八郎著	140 元
12. 性格測驗⑫ 透視你的未來	淺野八郎著	160 元
13. 血型與你的一生	淺野八郎著	160 元
14. 趣味推理遊戲	淺野八郎著	160 元
15. 行為語言解析	淺野八郎著	160 元

・婦 幼 天 地・大展編號 16

1. 八萬人減肥成果	黃靜香譯	180 元
2. 三分鐘減肥體操	楊鴻儒譯	150 元
3. 窈窕淑女美髮秘訣	柯素娥譯	130 元
4. 使妳更迷人	成　玉譯	130 元
5. 女性的更年期	官舒妍編譯	160 元
6. 胎內育兒法	李玉瓊編譯	150 元
7. 早產兒袋鼠式護理	唐岱蘭譯	200 元
8. 初次懷孕與生產	婦幼天地編譯組	180 元
9. 初次育兒 12 個月	婦幼天地編譯組	180 元
10. 斷乳食與幼兒食	婦幼天地編譯組	180 元
11. 培養幼兒能力與性向	婦幼天地編譯組	180 元
12. 培養幼兒創造力的玩具與遊戲	婦幼天地編譯組	180 元
13. 幼兒的症狀與疾病	婦幼天地編譯組	180 元

14. 腿部苗條健美法	婦幼天地編譯組	180 元
15. 女性腰痛別忽視	婦幼天地編譯組	150 元
16. 舒展身心體操術	李玉瓊編譯	130 元
17. 三分鐘臉部體操	趙薇妮著	160 元
18. 生動的笑容表情術	趙薇妮著	160 元
19. 心曠神怡減肥法	川津祐介著	130 元
20. 內衣使妳更美麗	陳玄茹譯	130 元
21. 瑜伽美姿美容	黃靜香編著	180 元
22. 高雅女性裝扮學	陳珮玲譯	180 元
23. 蠶糞肌膚美顏法	坂梨秀子著	160 元
24. 認識妳的身體	李玉瓊譯	160 元
25. 產後恢復苗條體態	居理安・芙萊喬著	200 元
26. 正確護髮美容法	山崎伊久江著	180 元
27. 安琪拉美姿養生學	安琪拉蘭斯博瑞著	180 元
28. 女體性醫學剖析	增田豐著	220 元
29. 懷孕與生產剖析	岡部綾子著	180 元
30. 斷奶後的健康育兒	東城百合子著	220 元
31. 引出孩子幹勁的責罵藝術	多湖輝著	170 元
32. 培養孩子獨立的藝術	多湖輝著	170 元
33. 子宮肌瘤與卵巢囊腫	陳秀琳編著	180 元
34. 下半身減肥法	納他夏・史達賓著	180 元
35. 女性自然美容法	吳雅菁編著	180 元
36. 再也不發胖	池園悅太郎著	170 元
37. 生男生女控制術	中垣勝裕著	220 元
38. 使妳的肌膚更亮麗	楊　皓編著	170 元
39. 臉部輪廓變美	芝崎義夫著	180 元
40. 斑點、皺紋自己治療	高須克彌著	180 元
41. 面皰自己治療	伊藤雄康著	180 元
42. 隨心所欲瘦身冥想法	原久子著	180 元
43. 胎兒革命	鈴木丈織著	180 元
44. NS 磁氣平衡法塑造窈窕奇蹟	古屋和江著	180 元
45. 享瘦從腳開始	山田陽子著	180 元
46. 小改變瘦 4 公斤	宮本裕子著	180 元
47. 軟管減肥瘦身	高橋輝男著	180 元
48. 海藻精神秘美容法	劉名揚編著	180 元
49. 肌膚保養與脫毛	鈴木真理著	180 元
50. 10 天減肥 3 公斤	彤雲編輯組	180 元
51. 穿出自己的品味	西村玲子著	280 元
52. 小孩髮型設計	李芳黛譯	250 元

・青春天地・大展編號 17

1. A 血型與星座	柯素娥編譯	160 元
2. B 血型與星座	柯素娥編譯	160 元

3.	O血型與星座	柯素娥編譯	160元
4.	AB血型與星座	柯素娥編譯	120元
5.	青春期性教室	呂貴嵐編譯	130元
7.	難解數學破題	宋釗宜編譯	130元
9.	小論文寫作秘訣	林顯茂編譯	120元
11.	中學生野外遊戲	熊谷康編著	120元
12.	恐怖極短篇	柯素娥編譯	130元
13.	恐怖夜話	小毛驢編譯	130元
14.	恐怖幽默短篇	小毛驢編譯	120元
15.	黑色幽默短篇	小毛驢編譯	120元
16.	靈異怪談	小毛驢編譯	130元
17.	錯覺遊戲	小毛驢編著	130元
18.	整人遊戲	小毛驢編著	150元
19.	有趣的超常識	柯素娥編譯	130元
20.	哦！原來如此	林慶旺編譯	130元
21.	趣味競賽100種	劉名揚編譯	120元
22.	數學謎題入門	宋釗宜編譯	150元
23.	數學謎題解析	宋釗宜編譯	150元
24.	透視男女心理	林慶旺編譯	120元
25.	少女情懷的自白	李桂蘭編譯	120元
26.	由兄弟姊妹看命運	李玉瓊編譯	130元
27.	趣味的科學魔術	林慶旺編譯	150元
28.	趣味的心理實驗室	李燕玲編譯	150元
29.	愛與性心理測驗	小毛驢編譯	130元
30.	刑案推理解謎	小毛驢編譯	180元
31.	偵探常識推理	小毛驢編譯	180元
32.	偵探常識解謎	小毛驢編譯	130元
33.	偵探推理遊戲	小毛驢編譯	180元
34.	趣味的超魔術	廖玉山編著	150元
35.	趣味的珍奇發明	柯素娥編著	150元
36.	登山用具與技巧	陳瑞菊編著	150元
37.	性的漫談	蘇燕謀編著	180元
38.	無的漫談	蘇燕謀編著	180元
39.	黑色漫談	蘇燕謀編著	180元
40.	白色漫談	蘇燕謀編著	180元

・健康天地・太展編號18

1.	壓力的預防與治療	柯素娥編譯	130元
2.	超科學氣的魔力	柯素娥編譯	130元
3.	尿療法治病的神奇	中尾良一著	130元
4.	鐵證如山的尿療法奇蹟	廖玉山譯	120元
5.	一日斷食健康法	葉慈容編譯	150元
6.	胃部強健法	陳炳崑譯	120元

7. 癌症早期檢查法 廖松濤譯 160元
8. 老人痴呆症防止法 柯素娥編譯 170元
9. 松葉汁健康飲料 陳麗芬編譯 150元
10. 揉肚臍健康法 永井秋夫著 150元
11. 過勞死、猝死的預防 卓秀貞編譯 130元
12. 高血壓治療與飲食 藤山順豐著 180元
13. 老人看護指南 柯素娥編譯 150元
14. 美容外科淺談 楊啟宏著 150元
15. 美容外科新境界 楊啟宏著 150元
16. 鹽是天然的醫生 西英司郎著 140元
17. 年輕十歲不是夢 梁瑞麟譯 200元
18. 茶料理治百病 桑野和民著 180元
19. 綠茶治病寶典 桑野和民著 150元
20. 杜仲茶養顏減肥法 西田博著 170元
21. 蜂膠驚人療效 瀨長良三郎著 180元
22. 蜂膠治百病 瀨長良三郎著 180元
23. 醫藥與生活(一) 鄭炳全著 180元
24. 鈣長生寶典 落合敏著 180元
25. 大蒜長生寶典 木下繁太郎著 160元
26. 居家自我健康檢查 石川恭三著 160元
27. 永恆的健康人生 李秀鈴譯 200元
28. 大豆卵磷脂長生寶典 劉雪卿譯 150元
29. 芳香療法 梁艾琳譯 160元
30. 醋長生寶典 柯素娥譯 180元
31. 從星座透視健康 席拉・吉蒂斯著 180元
32. 愉悅自在保健學 野本二士夫著 160元
33. 裸睡健康法 丸山淳士等著 160元
34. 糖尿病預防與治療 藤山順豐著 180元
35. 維他命長生寶典 菅原明子著 180元
36. 維他命C新效果 鐘文訓編 150元
37. 手、腳病理按摩 堤芳朗著 160元
38. AIDS瞭解與預防 彼得塔歇爾著 180元
39. 甲殼質殼聚糖健康法 沈永嘉譯 160元
40. 神經痛預防與治療 木下真男著 160元
41. 室內身體鍛鍊法 陳炳崑編著 160元
42. 吃出健康藥膳 劉大器編著 180元
43. 自我指壓術 蘇燕謀編著 160元
44. 紅蘿蔔汁斷食療法 李玉瓊編著 150元
45. 洗心術健康秘法 竺翠萍編譯 170元
46. 枇杷葉健康療法 柯素娥編譯 180元
47. 抗衰血癒 楊啟宏著 180元
48. 與癌搏鬥記 逸見政孝著 180元
49. 冬蟲夏草長生寶典 高橋義博著 170元
50. 痔瘡・大腸疾病先端療法 宮島伸宜著 180元

51. 膠布治癒頑固慢性病	加瀨建造著	180 元
52. 芝麻神奇健康法	小林貞作著	170 元
53. 香煙能防止癡呆？	高田明和著	180 元
54. 穀菜食治癌療法	佐藤成志著	180 元
55. 貼藥健康法	松原英多著	180 元
56. 克服癌症調和道呼吸法	帶津良一著	180 元
57. B 型肝炎預防與治療	野村喜重郎著	180 元
58. 青春永駐養生導引術	早島正雄著	180 元
59. 改變呼吸法創造健康	原久子著	180 元
60. 荷爾蒙平衡養生秘訣	出村博著	180 元
61. 水美肌健康法	井戶勝富著	170 元
62. 認識食物掌握健康	廖梅珠編著	170 元
63. 痛風劇痛消除法	鈴木吉彥著	180 元
64. 酸莖菌驚人療效	上田明彥著	180 元
65. 大豆卵磷脂治現代病	神津健一著	200 元
66. 時辰療法—危險時刻凌晨 4 時	呂建強等著	180 元
67. 自然治癒力提升法	帶津良一著	180 元
68. 巧妙的氣保健法	藤平墨子著	180 元
69. 治癒 C 型肝炎	熊田博光著	180 元
70. 肝臟病預防與治療	劉名揚編著	180 元
71. 腰痛平衡療法	荒井政信著	180 元
72. 根治多汗症、狐臭	稻葉益巳著	220 元
73. 40 歲以後的骨質疏鬆症	沈永嘉譯	180 元
74. 認識中藥	松下一成著	180 元
75. 認識氣的科學	佐佐木茂美著	180 元
76. 我戰勝了癌症	安田伸著	180 元
77. 斑點是身心的危險信號	中野進著	180 元
78. 艾波拉病毒大震撼	玉川重德著	180 元
79. 重新還我黑髮	桑名隆一郎著	180 元
80. 身體節律與健康	林博史著	180 元
81. 生薑治萬病	石原結實著	180 元
82. 靈芝治百病	陳瑞東著	180 元
83. 木炭驚人的威力	大槻彰著	200 元
84. 認識活性氧	井土貴司著	180 元
85. 深海鮫治百病	廖玉山編著	180 元
86. 神奇的蜂王乳	井上丹治著	180 元
87. 卡拉 OK 健腦法	東潔著	180 元
88. 卡拉 OK 健康法	福田伴男著	180 元
89. 醫藥與生活(二)	鄭炳全著	200 元
90. 洋蔥治百病	宮尾興平著	180 元
91. 年輕 10 歲快步健康法	石塚忠雄著	180 元
92. 石榴的驚人神效	岡本順子著	180 元
93. 飲料健康法	白鳥早奈英著	180 元
94. 健康棒體操	劉名揚編譯	180 元

95. 催眠健康法	蕭京凌編著	180 元
96. 鬱金（美王）治百病	水野修一著	180 元
97. 醫藥與生活(三)	鄭炳全著	200 元

・實用女性學講座・大展編號 19

1. 解讀女性內心世界	島田一男著	150 元
2. 塑造成熟的女性	島田一男著	150 元
3. 女性整體裝扮學	黃靜香編著	180 元
4. 女性應對禮儀	黃靜香編著	180 元
5. 女性婚前必修	小野十傳著	200 元
6. 徹底瞭解女人	田口二州著	180 元
7. 拆穿女性謊言 88 招	島田一男著	200 元
8. 解讀女人心	島田一男著	200 元
9. 俘獲女性絕招	志賀貢著	200 元
10. 愛情的壓力解套	中村理英子著	200 元
11. 妳是人見人愛的女孩	廖松濤編著	200 元

・校園系列・大展編號 20

1. 讀書集中術	多湖輝著	180 元
2. 應考的訣竅	多湖輝著	150 元
3. 輕鬆讀書贏得聯考	多湖輝著	180 元
4. 讀書記憶秘訣	多湖輝著	180 元
5. 視力恢復！超速讀術	江錦雲譯	180 元
6. 讀書 36 計	黃柏松編著	180 元
7. 驚人的速讀術	鐘文訓編著	170 元
8. 學生課業輔導良方	多湖輝著	180 元
9. 超速讀超記憶法	廖松濤編著	180 元
10. 速算解題技巧	宋釗宜編著	200 元
11. 看圖學英文	陳炳崑編著	200 元
12. 讓孩子最喜歡數學	沈永嘉譯	180 元
13. 催眠記憶術	林碧清譯	180 元
14. 催眠速讀術	林碧清譯	180 元
15. 數學式思考學習法	劉淑錦譯	200 元
16. 考試憑要領	劉孝暉著	180 元
17. 事半功倍讀書法	王毅希著	200 元
18. 超金榜題名術	陳蒼杰譯	200 元
19. 靈活記憶術	林耀慶編著	180 元
20. 數學增強要領	江修楨編著	180 元

・實用心理學講座・大展編號 21

1.	拆穿欺騙伎倆	多湖輝著	140 元
2.	創造好構想	多湖輝著	140 元
3.	面對面心理術	多湖輝著	160 元
4.	偽裝心理術	多湖輝著	140 元
5.	透視人性弱點	多湖輝著	180 元
6.	自我表現術	多湖輝著	180 元
7.	不可思議的人性心理	多湖輝著	180 元
8.	催眠術入門	多湖輝著	150 元
9.	責罵部屬的藝術	多湖輝著	150 元
10.	精神力	多湖輝著	150 元
11.	厚黑說服術	多湖輝著	150 元
12.	集中力	多湖輝著	150 元
13.	構想力	多湖輝著	150 元
14.	深層心理術	多湖輝著	160 元
15.	深層語言術	多湖輝著	160 元
16.	深層說服術	多湖輝著	180 元
17.	掌握潛在心理	多湖輝著	160 元
18.	洞悉心理陷阱	多湖輝著	180 元
19.	解讀金錢心理	多湖輝著	180 元
20.	拆穿語言圈套	多湖輝著	180 元
21.	語言的內心玄機	多湖輝著	180 元
22.	積極力	多湖輝著	180 元

・超現實心靈講座・大展編號 22

1.	超意識覺醒法	詹蔚芬編譯	130 元
2.	護摩秘法與人生	劉名揚編譯	130 元
3.	秘法！超級仙術入門	陸明譯	150 元
4.	給地球人的訊息	柯素娥編著	150 元
5.	密教的神通力	劉名揚編著	130 元
6.	神秘奇妙的世界	平川陽一著	200 元
7.	地球文明的超革命	吳秋嬌譯	200 元
8.	力量石的秘密	吳秋嬌譯	180 元
9.	超能力的靈異世界	馬小莉譯	200 元
10.	逃離地球毀滅的命運	吳秋嬌譯	200 元
11.	宇宙與地球終結之謎	南山宏著	200 元
12.	驚世奇功揭秘	傅起鳳著	200 元
13.	啟發身心潛力心象訓練法	栗田昌裕著	180 元
14.	仙道術遁甲法	高藤聰一郎著	220 元
15.	神通力的秘密	中岡俊哉著	180 元
16.	仙人成仙術	高藤聰一郎著	200 元

17. 仙道符咒氣功法	高藤聰一郎著	220元
18. 仙道風水術尋龍法	高藤聰一郎著	200元
19. 仙道奇蹟超幻像	高藤聰一郎著	200元
20. 仙道鍊金術房中法	高藤聰一郎著	200元
21. 奇蹟超醫療治癒難病	深野一幸著	220元
22. 揭開月球的神秘力量	超科學研究會	180元
23. 西藏密教奧義	高藤聰一郎著	250元
24. 改變你的夢術入門	高藤聰一郎著	250元
25. 21世紀拯救地球超技術	深野一幸著	250元

・養生保健・大展編號 23

1. 醫療養生氣功	黃孝寬著	250元
2. 中國氣功圖譜	余功保著	250元
3. 少林醫療氣功精粹	井玉蘭著	250元
4. 龍形實用氣功	吳大才等著	220元
5. 魚戲增視強身氣功	宮　嬰著	220元
6. 嚴新氣功	前新培金著	250元
7. 道家玄牝氣功	張　章著	200元
8. 仙家秘傳袪病功	李遠國著	160元
9. 少林十大健身功	秦慶豐著	180元
10. 中國自控氣功	張明武著	250元
11. 醫療防癌氣功	黃孝寬著	250元
12. 醫療強身氣功	黃孝寬著	250元
13. 醫療點穴氣功	黃孝寬著	250元
14. 中國八卦如意功	趙維漢著	180元
15. 正宗馬禮堂養氣功	馬禮堂著	420元
16. 秘傳道家筋經內丹功	王慶餘著	300元
17. 三元開慧功	辛桂林著	250元
18. 防癌治癌新氣功	郭　林著	180元
19. 禪定與佛家氣功修煉	劉天君著	200元
20. 顛倒之術	梅自強著	360元
21. 簡明氣功辭典	吳家駿編	360元
22. 八卦三合功	張全亮著	230元
23. 朱砂掌健身養生功	楊永著	250元
24. 抗老功	陳九鶴著	230元
25. 意氣按穴排濁自療法	黃啟運編著	250元
26. 陳式太極拳養生功	陳正雷著	200元
27. 健身祛病小功法	王培生著	200元
28. 張式太極混元功	張春銘著	250元
29. 中國璇密功	羅琴編著	250元
30. 中國少林禪密功	齊飛龍著	200元
31. 郭林新氣功	郭林新氣功研究所	400元
32. 太極八卦之源與健身養生	鄭志鴻等著	280元

・社會人智囊・大展編號 24

1.	糾紛談判術	清水增三著	160 元
2.	創造關鍵術	淺野八郎著	150 元
3.	觀人術	淺野八郎著	200 元
4.	應急詭辯術	廖英迪編著	160 元
5.	天才家學習術	木原武一著	160 元
6.	貓型狗式鑑人術	淺野八郎著	180 元
7.	逆轉運掌握術	淺野八郎著	180 元
8.	人際圓融術	澀谷昌三著	160 元
9.	解讀人心術	淺野八郎著	180 元
10.	與上司水乳交融術	秋元隆司著	180 元
11.	男女心態定律	小田晉著	180 元
12.	幽默說話術	林振輝編著	200 元
13.	人能信賴幾分	淺野八郎著	180 元
14.	我一定能成功	李玉瓊譯	180 元
15.	獻給青年的嘉言	陳蒼杰譯	180 元
16.	知人、知面、知其心	林振輝編著	180 元
17.	塑造堅強的個性	坂上肇著	180 元
18.	為自己而活	佐藤綾子著	180 元
19.	未來十年與愉快生活有約	船井幸雄著	180 元
20.	超級銷售話術	杜秀卿譯	180 元
21.	感性培育術	黃靜香編著	180 元
22.	公司新鮮人的禮儀規範	蔡媛惠譯	180 元
23.	傑出職員鍛鍊術	佐佐木正著	180 元
24.	面談獲勝戰略	李芳黛譯	180 元
25.	金玉良言撼人心	森純大著	180 元
26.	男女幽默趣典	劉華亭編著	180 元
27.	機智說話術	劉華亭編著	180 元
28.	心理諮商室	柯素娥譯	180 元
29.	如何在公司崢嶸頭角	佐佐木正著	180 元
30.	機智應對術	李玉瓊編著	200 元
31.	克服低潮良方	坂野雄二著	180 元
32.	智慧型說話技巧	沈永嘉編著	180 元
33.	記憶力、集中力增進術	廖松濤編著	180 元
34.	女職員培育術	林慶旺編著	180 元
35.	自我介紹與社交禮儀	柯素娥編著	180 元
36.	積極生活創幸福	田中真澄著	180 元
37.	妙點子超構想	多湖輝著	180 元
38.	說 NO 的技巧	廖玉山編著	180 元
39.	一流說服力	李玉瓊編著	180 元
40.	般若心經成功哲學	陳鴻蘭編著	180 元
41.	訪問推銷術	黃靜香編著	180 元

42. 男性成功秘訣　陳蒼杰編著　180 元
43. 笑容、人際智商　宮川澄子著　180 元
44. 多湖輝的構想工作室　多湖輝著　200 元
45. 名人名語啟示錄　喬家楓著　180 元
46. 口才必勝術　黃柏松編著　220 元
47. 能言善道的說話秘訣　章智冠編著　180 元
48. 改變人心成為贏家　多湖輝著　200 元
49. 說服的ＩＱ　沈永嘉譯　200 元
50. 提升腦力超速讀術　齊藤英治著　200 元
51. 操控對手百戰百勝　多湖輝著　200 元
52. 面試成功戰略　柯素娥編著　200 元
53. 摸透男人心　劉華亭編著　180 元
54. 撼動人心優勢口才　龔伯牧編著　180 元
55. 如何使對方說 yes　程　羲編著　200 元
56. 小道理・美好生活　林政峰編著　180 元
57. 拿破崙智慧箴言　柯素娥編著　200 元
58. 解開第六感之謎　匠英一編著　200 元
59. 讀心術入門　王嘉成編著　180 元
60. 這趟人生怎麼走　李亦盛編著　200 元
61. 這趟人生真逍遙　李亦盛編著　元

・精 選 系 列・大展編號 25

1. 毛澤東與鄧小平　渡邊利夫等著　280 元
2. 中國大崩裂　江戶介雄著　180 元
3. 台灣・亞洲奇蹟　上村幸治著　220 元
4. 7-ELEVEN 高盈收策略　國友隆一著　180 元
5. 台灣獨立（新・中國日本戰爭一）　森詠著　200 元
6. 迷失中國的末路　江戶雄介著　220 元
7. 2000 年 5 月全世界毀滅　紫藤甲子男著　180 元
8. 失去鄧小平的中國　小島朋之著　220 元
9. 世界史爭議性異人傳　桐生操著　200 元
10. 淨化心靈享人生　松濤弘道著　220 元
11. 人生心情診斷　賴藤和寬著　220 元
12. 中美大決戰　檜山良昭著　220 元
13. 黃昏帝國美國　莊雯琳譯　220 元
14. 兩岸衝突（新・中國日本戰爭二）　森詠著　220 元
15. 封鎖台灣（新・中國日本戰爭三）　森詠著　220 元
16. 中國分裂（新・中國日本戰爭四）　森詠著　220 元
17. 由女變男的我　虎井正衛著　200 元
18. 佛學的安心立命　松濤弘道著　220 元
19. 世界喪禮大觀　松濤弘道著　280 元
20. 中國內戰（新・中國日本戰爭五）　森詠著　220 元
21. 台灣內亂（新・中國日本戰爭六）　森詠著　220 元

22. 琉球戰爭 ①（新・中國日本戰爭七） 森詠著 220 元
23. 琉球戰爭 ②（新・中國日本戰爭八） 森詠著 220 元
24. 台海戰爭（新・中國日本戰爭九） 森詠著 220 元
25. 美中開戰（新・中國日本戰爭十） 森詠著 220 元

・運動遊戲・大展編號 26

1. 雙人運動 李玉瓊譯 160 元
2. 愉快的跳繩運動 廖玉山譯 180 元
3. 運動會項目精選 王佑京譯 150 元
4. 肋木運動 廖玉山譯 150 元
5. 測力運動 王佑宗譯 150 元
6. 游泳入門 唐桂萍編著 200 元
7. 帆板衝浪 王勝利譯 300 元
8. 蛙泳七日通 溫仲華編著 180 元

・休閒娛樂・大展編號 27

1. 海水魚飼養法 田中智浩著 300 元
2. 金魚飼養法 曾雪玫譯 250 元
3. 熱門海水魚 毛利匡明著 480 元
4. 愛犬的教養與訓練 池田好雄著 250 元
5. 狗教養與疾病 杉浦哲著 220 元
6. 小動物養育技巧 三上昇著 300 元
7. 水草選擇、培育、消遣 安齊裕司著 300 元
8. 四季釣魚法 釣朋會著 200 元
9. 簡易釣魚入門 張果馨譯 200 元
10. 防波堤釣入門 張果馨譯 220 元
11. 透析愛犬習性 沈永嘉譯 200 元
20. 園藝植物管理 船越亮二著 220 元
21. 實用家庭菜園ＤＩＹ 孔翔儀著 200 元
30. 汽車急救ＤＩＹ 陳瑞雄編著 200 元
31. 巴士旅行遊戲 陳羲編著 180 元
32. 測驗你的ＩＱ 蕭京凌編著 180 元
33. 益智數字遊戲 廖玉山編著 180 元
40. 撲克牌遊戲與贏牌秘訣 林振輝編著 180 元
41. 撲克牌魔術、算命、遊戲 林振輝編著 180 元
42. 撲克占卜入門 王家成編著 180 元
50. 兩性幽默 幽默選集編輯組 180 元
51. 異色幽默 幽默選集編輯組 180 元
52. 幽默魔法鏡 玄虛叟編著 180 元
53. 幽默樂透站 玄虛叟編著 180 元
70. 亞洲真實恐怖事件 楊鴻儒譯 200 元

・銀髮族智慧學・大展編號 28

1.	銀髮六十樂逍遙	多湖輝著	170 元
2.	人生六十反年輕	多湖輝著	170 元
3.	六十歲的決斷	多湖輝著	170 元
4.	銀髮族健身指南	孫瑞台編著	250 元
5.	退休後的夫妻健康生活	施聖茹譯	200 元

・飲 食 保 健・大展編號 29

1.	自己製作健康茶	大海淳著	220 元
2.	好吃、具藥效茶料理	德永睦子著	220 元
3.	改善慢性病健康藥草茶	吳秋嬌譯	200 元
4.	藥酒與健康果菜汁	成玉編著	250 元
5.	家庭保健養生湯	馬汴梁編著	220 元
6.	降低膽固醇的飲食	早川和志著	200 元
7.	女性癌症的飲食	女子營養大學	280 元
8.	痛風者的飲食	女子營養大學	280 元
9.	貧血者的飲食	女子營養大學	280 元
10.	高脂血症者的飲食	女子營養大學	280 元
11.	男性癌症的飲食	女子營養大學	280 元
12.	過敏者的飲食	女子營養大學	280 元
13.	心臟病的飲食	女子營養大學	280 元
14.	滋陰壯陽的飲食	王增著	220 元
15.	胃、十二指腸潰瘍的飲食	勝健一等著	280 元
16.	肥胖者的飲食	雨宮禎子等著	280 元
17.	癌症有效的飲食	河內卓等著	300 元
18.	糖尿病有效的飲食	山田信博等著	300 元
19.	骨質疏鬆症有效的飲食	板橋明等著	300 元
20.	高血壓有效的飲食	大內尉義著	300 元

・家庭醫學保健・大展編號 30

1.	女性醫學大全	雨森良彥著	380 元
2.	初為人父育兒寶典	小瀧周曹著	220 元
3.	性活力強健法	相建華著	220 元
4.	30 歲以上的懷孕與生產	李芳黛編著	220 元
5.	舒適的女性更年期	野末悅子著	200 元
6.	夫妻前戲的技巧	笠井寬司著	200 元
7.	病理足穴按摩	金慧明著	220 元
8.	爸爸的更年期	河野孝旺著	200 元
9.	橡皮帶健康法	山田晶著	180 元
10.	三十三天健美減肥	相建華等著	180 元

11. 男性健美入門	孫玉祿編著	180 元
12. 強化肝臟秘訣	主婦之友社編	200 元
13. 了解藥物副作用	張果馨譯	200 元
14. 女性醫學小百科	松山榮吉著	200 元
15. 左轉健康法	龜田修等著	200 元
16. 實用天然藥物	鄭炳全編著	260 元
17. 神秘無痛平衡療法	林宗駛著	180 元
18. 膝蓋健康法	張果馨譯	180 元
19. 針灸治百病	葛書翰著	250 元
20. 異位性皮膚炎治癒法	吳秋嬌譯	220 元
21. 禿髮白髮預防與治療	陳炳崑編著	180 元
22. 埃及皇宮菜健康法	飯森薰著	200 元
23. 肝臟病安心治療	上野幸久著	220 元
24. 耳穴治百病	陳抗美等著	250 元
25. 高效果指壓法	五十嵐康彥著	200 元
26. 瘦水、胖水	鈴木園子著	200 元
27. 手針新療法	朱振華著	200 元
28. 香港腳預防與治療	劉小惠譯	250 元
29. 智慧飲食吃出健康	柯富陽編著	200 元
30. 牙齒保健法	廖玉山編著	200 元
31. 恢復元氣養生食	張果馨譯	200 元
32. 特效推拿按摩術	李玉田著	200 元
33. 一週一次健康法	若狹真著	200 元
34. 家常科學膳食	大塚滋著	220 元
35. 夫妻們閱讀的男性不孕	原利夫著	220 元
36. 自我瘦身美容	馬野詠子著	200 元
37. 魔法姿勢益健康	五十嵐康彥著	200 元
38. 眼病錘療法	馬栩周著	200 元
39. 預防骨質疏鬆症	藤田拓男著	200 元
40. 骨質增生效驗方	李吉茂編著	250 元
41. 蕺菜健康法	小林正夫著	200 元
42. 赧於啟齒的男性煩惱	增田豐著	220 元
43. 簡易自我健康檢查	稻葉允著	250 元
44. 實用花草健康法	友田純子著	200 元
45. 神奇的手掌療法	日比野喬著	230 元
46. 家庭式三大穴道療法	刑部忠和著	200 元
47. 子宮癌、卵巢癌	岡島弘幸著	220 元
48. 糖尿病機能性食品	劉雪卿編著	220 元
49. 奇蹟活現經脈美容法	林振輝編譯	200 元
50. Super SEX	秋好憲一著	220 元
51. 了解避孕丸	林玉佩譯	200 元
52. 有趣的遺傳學	蕭京凌編著	200 元
53. 強身健腦手指運動	羅群等著	250 元
54. 小周天健康法	莊雯琳譯	200 元

55. 中西醫結合醫療	陳蒼杰譯	200 元
56. 沐浴健康法	楊鴻儒譯	200 元
57. 節食瘦身秘訣	張芷欣編著	200 元
58. 酵素健康法	楊皓譯	200 元
59. 一天 10 分鐘健康太極拳	劉小惠譯	250 元
60. 中老年人疲勞消除法	五味雅吉著	220 元
61. 與齲齒訣別	楊鴻儒譯	220 元
62. 禪宗自然養生法	費德漢編著	200 元
63. 女性切身醫學	編輯群編	200 元
64. 乳癌發現與治療	黃靜香編著	200 元
65. 做媽媽之前的孕婦日記	林慈姮編著	180 元
66. 從誕生到一歲的嬰兒日記	林慈姮編著	180 元
67. 6個月輕鬆增高	江秀珍譯	200 元
68. 一輩子年輕開心	編輯群編	200 元
69. 怎可盲目減肥	編輯群編	200 元
70. 『腳』萬病之源	阿部幼子著	200 元
71. 睡眠健康養生法	編輯群編著	200 元
72. 水中漫步健康法	野村武男著	220 元
73. 孩子運動傷害預防與治療	松井達也著	220 元
74. 病從血液起	溝口秀昭著	200 元

・超經營新智慧・大展編號 31

1. 躍動的國家越南	林雅倩譯	250 元
2. 甦醒的小龍菲律賓	林雅倩譯	220 元
3. 中國的危機與商機	中江要介著	250 元
4. 在印度的成功智慧	山內利男著	220 元
5. 7-ELEVEN 大革命	村上豐道著	200 元
6. 業務員成功秘方	呂育清編著	200 元
7. 在亞洲成功的智慧	鈴木讓二著	220 元
8. 圖解活用經營管理	山際有文著	220 元
9. 速效行銷學	江尻弘著	220 元
10. 猶太成功商法	周蓮芬編著	200 元
11. 工廠管理新手法	黃柏松編著	220 元
12. 成功隨時掌握在凡人手上	竹村健一著	220 元
13. 服務・所以成功	中谷彰宏著	200 元
14. 輕鬆賺錢高手	增田俊男著	220 元

・理財、投資・大展編號 312

1. 突破股市瓶頸	黃國洲著（特價）	199 元
2. 投資眾生相	黃國洲著	220 元

・親子系列・大展編號 32

1.	如何使孩子出人頭地	多湖輝著	200 元
2.	心靈啟蒙教育	多湖輝著	280 元
3.	如何使孩子數學滿分	林明嬋編著	180 元
4.	終身受用的學習秘訣	李芳黛譯	200 元
5.	數學疑問破解	陳蒼杰譯	200 元

・雅致系列・大展編號 33

1.	健康食譜春冬篇	丸元淑生著	200 元
2.	健康食譜夏秋篇	丸元淑生著	200 元
3.	純正家庭料理	陳建民等著	200 元
4.	家庭四川料理	陳建民著	200 元
5.	醫食同源健康美食	郭長聚著	200 元
6.	家族健康食譜	東畑朝子著	200 元

・美術系列・大展編號 34

1.	可愛插畫集	鉛筆等著	220 元
2.	人物插畫集	鉛筆等著	180 元

・勞作系列・大展編號 35

1.	活動玩具ＤＩＹ	李芳黛譯	230 元
2.	組合玩具ＤＩＹ	李芳黛譯	230 元
3.	花草遊戲ＤＩＹ	張果馨譯	250 元

・元氣系列・大展編號 36

1.	神奇大麥嫩葉「綠效末」	山田耕路著	200 元
2.	高麗菜發酵精的功效	大澤俊彥著	200 元

・心 靈 雅 集・大展編號 00

1.	禪言佛語看人生	松濤弘道著	180 元
2.	禪密教的奧秘	葉逯謙譯	120 元
3.	觀音大法力	田口日勝著	120 元
4.	觀音法力的大功德	田口日勝著	120 元
5.	達摩禪 106 智慧	劉華亭編譯	220 元
6.	有趣的佛教研究	葉逯謙編譯	170 元
7.	夢的開運法	蕭京凌譯	180 元

國家圖書館出版品預行編目資料

易學的思維／傅雲龍 柴尙金 著
——初版，——臺北市，大展，2002〔民 91〕
面；21 公分，——（易學智慧；7）
ISBN 957-468-141-6（平裝）
1. 易經—研究與考訂
121.17　　　91005515

易學的思維　　ISBN 957-468-141-6

著　　者／傅雲龍　柴尙金
責任編輯／信　群・薛勁松
發 行 人／蔡 森 明
出 版 者／大展出版社有限公司
社　　址／台北市北投區（石牌）致遠一路 2 段 12 巷 1 號
電　　話／（02）28236031・28236033・28233123
傳　　眞／（02）28272069
郵政劃撥／01669551
E－mail ／dah-jaan@ms9.tisnet.net.tw
登 記 證／局版臺業字第 2171 號
承 印 者／高星印刷品行
裝　　訂／日 新 裝 訂 所
排 版 者／弘益電腦排版有限公司
初版 1 刷／2002 年（民 91 年）6月

定　價／250 元

大展好書 好書大展

大展好書 好書大展